...und dann kamen die Gedanken

gezeichnet ist der Augenblick

Herausgegeben für die Jerichower Schreibrunde

von Marion Krüger und Lutz Sehmisch

Bibliografische Information der Deutschen Nationalbibliothek:
Die Deutsche Nationalbibliothek verzeichnet diese Publikation in der Deutschen Nationalbibliografie; detaillierte bibliografische Daten sind im Internet über http://dnb.dnb.de abrufbar.

Redaktionelle Bearbeitung: Lutz Sehmisch und Marion Krüger
Korrektorat: Diana Enders / Jerichower Schreibrunde
Satz und Layout: Lutz Sehmisch

Homepage: www.jerichower-schreibrunde.de
E-Mail: info@jerichower-schreibrunde.de

Herstellung und Verlag: BoD – Books on Demand, Norderstedt

ISBN: 978-3-7519-5132-6

Vorwort

Die Anfänge dieses Buchprojektes, die im Sommer 2019 liegen, werden von der Leitung der Jerichower Schreibrunde Marion Krüger und Lutz Sehmisch folgendermaßen beschrieben: "...da kam uns die Idee, ein kleines Heft zu machen...wer wir sind und was wir so machen..." (Marion Krüger in einer Nachricht per Handy). Die Idee wurde daraufhin ausführlich bei den monatlichen Treffen der Jerichower Schreibrunde in den Räumlichkeiten des Fachkrankenhauses Jerichow besprochen und protokolliert. Teilnehmer, die nicht anwesend sein konnten, wurden angerufen und um ihr Votum gebeten. Als alle informiert und mit dem Projekt, dem Vorgehen und den Verantwortlichkeiten einverstanden waren, machten sie sich ans Werk und innerhalb einer relativen kurzen Zeit ist aus der Idee des Heftes ein ausgewachsenes Buch geworden, welches Sie nun in den Händen halten. Diese Haltung und Tatkraft sind bezeichnend für die Mitglieder der Jerichower Schreibrunde, die mit diesem Band ihr 25jähriges Bestehen würdigen und eigenverantwortet ein Buch mit Beiträgen erscheinen lassen.

Was ich dahinter erkenne, ist eine große Bescheidenheit einerseits und eine große Selbstbewusstheit oder sogar schon Strenge andererseits. Viele, die in diesem Buch Beiträge veröffentlichen, sind vom Leben auf die eine oder andere Weise gezeichnet. Sie sind dankbar für gute Tage, denn sie kennen viele schwere. Sie sind im wahrsten Sinne des Wortes bescheiden geworden. Einige brauchen regelmäßig oder gelegentlich Hilfe, um ihre Lasten tragen zu können, aber sie wissen deshalb genau, wie wichtig eine verbindliche Gemeinschaft ist und sie achten streng aufeinander und darauf, dass transparent und gemeinsam beschlossene Vereinbarungen eingehalten werden. Sie kennen die beglückende Erfahrung, dass Worte, ein Gedicht oder ein kleiner Text mitten ins Herz treffen und helfen können einen Knoten zu lösen und einen neuen Anfang zu finden. Die Frauen und Männer der Jerichower Schreibrunde wissen, dass ihre Texte wichtig für sie selbst und andere sind. Deshalb sind sie sichtbar geworden in diesem vorliegenden Band. Poesietherapeutische Arbeit, denn das ist, was die Mitglieder der Schreibrunde an sich leisten, heißt unter anderem, die Eindrücke und Spuren, die das Leben in uns hinterlassen hat, im Nachdenken und Erinnern, im erinnernden Erleben zu verwandeln und diese Eindrücke mit unseren Worten zu beschreiben. Das klingt zunächst sehr einfach, aber das ist es durchaus nicht. Der Satz „Jeder Eindruck verlangt einen Ausdruck." ist ein Gedanke, der mich in meiner poesietherapeutischen Ausbildung geprägt hat und der die Bedeutung der Gedichte, Tagebuchberichte, Texte, Geschichten und Gedanken in diesem Band veranschaulicht. Warum ist es so wichtig sich auszudrücken? Es scheint eine lebenslange, uns alle verbindende Arbeit zu sein, die getan werden muss, egal, ob Frau, ob Mann, ob Kind, ob alt, ob jung. Im Strom des Lebens, im Strom der Gedanken, im Strom all dessen, was täglich auf jeden Menschen einströmt – und das ist manchmal nur eine scheinbar banale Frage, wie zum Beispiel die nach Vanille oder Schokoladeneis, aber auch hier schon zeigt sich: weiß ich, wer ich bin, weiß ich, was ich möchte und kann ich das diffuse Gefühl des Wollens aus dem Bauch in den Kopf transformieren und mich ausdrücken: nein, ich möchte lieber Softeis – in diesem täglichen Strom stecken die Erwartungen unserer Umwelt an uns, die unserer Familie sowie unsere eigenen Ansprüche an uns selbst und stoßen zusammen mit unserer Person, wie sie in Vergangenheit und Gegenwart geformt wurde und wird und wie sie mit unseren Sehnsüchten in die Zukunft reicht. In diesem Wirrwarr ist es schwer sich auszudrücken, den Kopf oben zu behalten und sich für sich selbst zu positionieren. Es scheint unmöglich zu sein. Normalerweise reagieren wir nur. Wir drücken aus und sagen, was wir denken, was von uns erwartet wird. Ein echter eigener Ausdruck gelingt uns nicht so leicht und nicht oft. Wenn es aber gelingt, dann spüren wir es und die Menschen in unserer Umgebung auch. Es macht frei. Es ist ein Glück für die Person, die etwas von sich sagt und ebenso für die Hörer, die die Wahrhaftigkeit des Ausgedrückten spüren. Und dieses Glück bringt etwas in uns in Ordnung. Wir gewinnen ein bisschen Vertrauen zu unseren Gefühlen. Wir spüren uns als Person, als uns selbst. Die Treffen der Jerichower Schreibrunde sind ein Ort, wo genau das passiert und ich bin dankbar, dass ich diese Gruppe für einige Jahre kennenlernen und begleiten durfte.

Es erwartet Sie eine Fülle von Texten, die, ausgehend vom Motto des Schreibprojekts, das Wirrwarr in unseren Köpfen und Herzen in allen Facetten widerspiegeln. Die Autorinnen und Autoren dieses Bandes haben sich auf den Weg gemacht, etwas von sich zu zeigen. Sie haben in ihren Beiträgen die Masken abgelegt. Sie gehen wie in einem Labyrinth in nahen und fernen Kreisen immer dichter an sich selbst heran. Sie können immer öfter sagen, was sie sagen müssen und entdecken ihren inneren Kern. So werden Sie lesen über das Wagnis und das Glück, einen Menschen zu lieben oder einen Freund zu haben. Es gibt ehrliche Bestandsaufnahmen über Ängste, den Schmerz und die Schatten in uns und über den Kampf mit sich selbst und dem Gefühl, ohnmächtig zu sein. Ebenso bereichernd sind die Arbeiten, die sich mit Humor und Distanz befassen und die Texte über Verluste und Aufbrüche im Leben. Als Klammer für die Fülle mag ein Satz aus dem Beitrag von Manfred Kluck dienen: „Du darfst dir das nicht zu Herzen nehmen, was andere für wichtig halten. Es geht um dein Leben und was du daraus machst."

Das Schreiben lässt seinen Schreiber verwandelt zurück. Manchmal nur ein kleines bisschen, manchmal lebensverändernd deutlich. Es bestimmt unser Dasein in Vergangenheit, Gegenwart und unserer Zukunft neu oder anders. So ergeht es uns aber auch beim Lesen. Dieses Buch der Jerichower Schreibrunde ist ein Gewinn für die literarische Landschaft Sachsen-Anhalts, dem ich viele Leserinnen und Leser wünsche.

Diana Enders, Bad Liebenwerda
gegen Ende der Corona-Quarantäne 2020

Hannelore Orlowski

Eine Bitte

Schenk mir eine Handvoll Wörter,

geordnet nach deinem Sinn.

Ich möchte dich darin erkennen

und mich finden.

Bild: Hannelore Orlowski

Jochen Gutte

Nachdenkenswertes

Meistens macht man sich um eigene Gedanken keine Gedanken, schon gar nicht, wenn es keine Rolle spielt. Oft weiß man's im Voraus nicht, dass sie eine Rolle spielen könnten. Fatal ist's freilich, wenn man sie nicht beachtet hat, obwohl es immanent wichtig sein dürfte, unbedingt darauf zu achten, dass genügend, zumindest ein Minimum von ihm in Betracht kommt. – Gemeint ist der Abstand.

Martina Haake

GEDANKEN ÜBER GEDANKEN:

Gedanken kommen
Gedanken gehen
Gedanken stehen
manchmal im Weg
ob laut oder leise
in einer Weise
sagen sie mir
JA, ICH BIN.

Lutz Sehmisch

Gedanken kommen
und gehen,
verwehen
wie Sandkörner im Wind,
wozu
all die Ängste und Sorgen,
es reicht,
dass wir sind.

Martina Haake

Woher

Wer oder was
fabriziert die Gedanken
wo kommen sie her
wer setzt die Schranken
bin ich es selbst
oder geht's automatisch
beides ist möglich
und auch fraglich

Wahnsinn

Ich werd' bald verrückt
sie lassen nicht los
beherrschen mein Dasein
die Qual ist groß
immer wieder die Gleichen
ich halt's nicht mehr aus
trommeln und nerven
in meinem Haus
im Kopf, da fahr'n sie Achterbahn
ich bin gefangen in meinem Wahn

Jochen Gutte

Nach einer verlässlichen Definition, was denn nun ein Gedanke sei,
kann man lange suchen. Die einen sagen so, die andern sagen so...
– Sie sind halt frei, die Gedanken...

Martina Haake

Gedanken – Baum

Sie springen und klammern
toben und jammern
gnadenlos und immerzu
kommen einfach
nicht zur Ruh
wie kleine Äffchen
auf einem Baum
die Gedanken sind
zu fassen kaum

Bild und Text: Marion Krüger

...und dann kamen die Gedanken.

Eigentlich ein erfreulicher Moment! – Denn der Titel lässt darauf schließen, dass anfangs gedankliche Leere war: Das Hirn war leer, leer gepustet oder über lange Zeit leergelaufen. Nichts, das absolute Nichts, und aus nichts wird bekanntlich nichts. Ein Zustand, den man einfach hinnehmen muss, gegen den man nicht ankommt!

Noch schlimmer: Man weiß davon, man erspürt die eigene gedankliche Leere... Ein geistiges Vakuum! – Einfach nicht auszuhalten!

Gedanken müssen her! Ohne Gedanken ist kein Denken! – Wie sollte man da auch denken? – Gedanken, sind sie nicht wie die Speichen am Fahrrad? Ein Bekannter bekannte: Ohne Ideen fühle ich mich einfach wie Panamakanal ohne „a". Ein Nichts! Und das könnte sich ausbreiten...

Doch schon kommt Trost: Das Wissen um das Nichts... – Ist das nicht schon ein erster Gedanke?

Gedanken, eigentlich haben wir sie alle: Sie sind bei uns, und wir sollten sie pflegen. – Ich denke, du denkst, er, sie, ja, sogar es denkt. Wir alle denken. Ihr denkt und sie alle um uns herum denken. – Fragt sich freilich, *was* alle tun, wenn sie denken oder nicht tun können, wenn es an Gedanken fehlt im Revier.

Fragt man Hinzen oder Kunzen, was Gedanken sind und woher man sie nimmt... – Ja, das sollte man immer mal tun! – Ich erhielt Antworten mit Schulterzucken, alle etwa in der Art: „Gedanken sind, wenn man sich Gedanken macht." – „Wenn ich denke, ja, dann habe ich Gedanken." – „Wenn mir's gut geht, ist mein Kopf nicht leer. Da schwimmen Gedanken darin herum. Ein bisschen so wie die Würste im Kessel beim Schlachtfest." – „Gedanken, die muss man sich machen. Selbst machen. Oder man übernimmt sie von anderen, indem man sie aufgreift." – „Nein, Gedanken sind nicht zu greifen! Die muss man dann schon übernehmen und am besten schriftlich festhalten."

Wer wüsste es nicht, dass Gedanken, genau genommen, frei sind, wovon schon ein wunderschönes altes Lied zu singen und zu sagen weiß: „Die Gedanken sind frei. Wer kann sie erraten?" Gute zweihundert Jahre kennt man und singt man das Lied...

Eigentlich ein gefährliches Lied mit einem gefährlichen Text! – Wo kommen wir denn hin, wenn jeder seine eigenen Gedanken kreisen ließe! – Schon in der Schule geht's damit los, seine Gedanken festzuhalten, zu zügeln, sie nicht abschweifen zu lassen, denn vorn ist die Musik... – Wer hätte darin nicht eigene Erfahrungen noch und noch?

Gedanken, sie kreisen um uns herum in Gesprächen und Reden, in Texten und Liedern, gar mannigfaltig. Und wir nehmen uns davon. Wir greifen auf, was wir erfahren können. Wir jonglieren im Geiste damit. Wir stellen in Frage...

Und auf einmal, hastunichtgesehen, hat sich ein eigener Gedanke als Ansicht, Standpunkt oder Lebenserfahrung verfestigt. Und schon sammelt man, was einem in den Streifen passt und lehnt ab oder verwirft, was dazu in Widerspruch gerät. – Nach einer verlässlichen Definition, was denn nun ein Gedanke ist, kann man lange suchen. Die einen sagen so, die andern sagen so... – Sie sind halt frei die Gedanken.

Und für jene, die es genau wissen wollen, sei gesagt: *Jeder Satz ist ein Gedanke*. – Und in einem anregenden Gespräch bewegen sich unsere Gedanken, vergleichbar den Mücken im Abendsonnenschein... Am Ende verhelfen sie uns zu Einsichten und Erkenntnissen, mit denen wir etwas für unsere eigenen Belange gewinnen und tun können.

Und schon kommen sie, die lieben Mitmenschen, die Höhergestellten, die Bescheidwisser, die Maßgeblichen, kurzum, alle jene, die es angeblich nur gut mit uns meinen und uns auf den rechten Weg bringen wollen... Allen voran die Politiker, die Meinungsmacher, ja, unter ihnen die Demagogen, die Volksverführer... Alle machen sie uns von klein auf zu Gutmenschen, indem sie unsere Gedanken attackieren, wenn wir widerspenstig sind und wir uns des eigenen Wertes bewusst sein wollen...

– Wie auch immer! – In unseren Gedanken kreist unsere eigene Vernunft, und die sollten wir uns einfach nicht widerspruchslos nehmen lassen!

Das und noch etliches mehr waren meine Gedanken, die ich täglich frisch halte, präzisiere und wandle, ganz so wie sich die Welt um mich herum verändert... Vor allem bin ich in Gedanken auf das Festhalten eines eigenen Standpunktes bedacht. Und das ist mein gutes Recht.

Augenblicke der Erinnerung
Ich brauchte für diese Geschichte keine Stunde zur Niederschrift, so gegenwärtig ist sie mir wieder. Es ist eine von diesen vielen Geschichten, die ich so lange in einer meiner Lebensschubladen dicht verschlossen hielt, bis zu jenem Tag, als ich beim Schreiben meiner Lebensgeschichte diese Schublade öffnete.

Wie der Mummelkater mein Leben veränderte

Es begann im frühen Kindheitsalter, ich war 6 oder 7 Jahre alt. Ich lebte in einem kleinen Dorf mit meinen Eltern, meiner Schwester und meiner Großmutter, in einem großen Doppelhaus. Meinen Großvater lernte ich nicht kennen, er starb, als ich ein halbes Jahr alt war.

Ein Durchbruch machte beide Wohnungen zu einer riesengroßen mit zwei Eingängen bzw. Ausgängen zum Hof hinaus. Im Winter benutzten wir immer nur einen Ausgang zum Hof. Warum auch immer, es war der weitere Weg, der uns zu Ställen, Waschküche und Toilette brachte.

Ja, die Toilette oder früher auch liebevoll „Plumpsklo" genannt, sollte für mich die größte Herausforderung in meinem noch so jungen Kinderleben werden und es für immer prägen.

Ich war ein Naturkind und hatte bis zu diesem Zeitraum, von dem ich erzählen werde, noch nicht gewusst, was es heißt Panik zu haben. Angst ja, das war mir bekannt, vor dem Vater, vor allen möglichen Dingen, kindliche, natürliche Angst, wie sie jedes Kind einmal kennenlernt. Ansonsten war ich die Lebenslust pur.   Nach der Schule und den Hausaufgaben verlangte ich meine drei Vaterstullen mit Gänseschmalz von meiner Oma, jeweils eine in die Hosentaschen, eine auf die Faust und dann ging es los.

Ab in Wald, Feld und Flur. Oder zu den Kälbchen in den Rinderoffenstall. Am Abend pünktlich um 17:00 Uhr war ich dann wieder zu Hause. Im Winter vom Rodelberg im Dunkeln, (unsere Straße lag etwas abseits) kein Problem für mich. Was sollte mir passieren in meiner heilen Kinderwelt. Bis zu jenem Abend, der diese heile Welt so plötzlich und nachhaltig verändern sollte. Es war im Spätherbst, Ende Oktober und es wurde schon zeitig dunkel draußen. Nach dem Abendbrot ging ich immer noch einmal zur Toilette, den langen Weg über den Hof.

Das Grundstück unserer Nachbarn war nur durch eine Bretterwand oder wie wir früher sagten, Planke, getrennt. Gegenüber dem Nachbarhause war ein großes doppelstöckiges Stallgebäude, aus dessen Luke man genau auf unseren Hof sehen konnte. Fast darunter befand sich unser „kleines Örtchen".

Wie gesagt, jeden Abend das gleiche Spiel, ich nahm immer meine Taschenlampe mit, falls das Hoflicht einmal ausging, weil ich mir wieder die Bildchen in der Zeitung zu lange angesehen habe und erste Leseversuche startete. Schönes weiches Toilettenpapier gab es damals noch nicht. Plötzlich hörte ich ein merkwürdiges Geräusch. So ein komisches Kratzen und Rascheln und eine dunkle, bedrohliche Stimme.

Mir fiel vor Schreck die Taschenlampe aus der Hand, ich sprang fast von der Toilette und war nicht in der Lage meine kleine Hose hochzuziehen. Ich stand zitternd an der Tür und lauschte. Wieder diese dunkle Stimme und jetzt konnte ich auch verstehen, was sie sagte: „Ich bin der Mummelkater." Mein Herz rutschte mir im wahrsten Sinne des Wortes in die Hose und die saß sehr tief.

Die Beklemmung wich purer Panik. Ich zitterte am ganzen Körper, was sollte ich machen? Ich war noch so klein, aber ich habe dieses Gefühl nie vergessen, welches mich in diesem Augenblick gefangen hielt. Ich rief nach meiner Oma und Mutti, aber keiner hörte mich, weil es wohl leiser als ein Flüstern war.

Ich zog langsam meine Hose hoch, mit ihr mein Herz, welches ganz schnell und wild klopfte. Und wusste immer noch nicht, was ich machen sollte. Auf einmal wieder: „Ich bin der Mummelkater."

Sie war direkt über mir. Ich nahm mein kleines Herz in beide Hände, riss die Tür auf, lief über den großen Hof, rief dabei laut nach Mutti und Oma bis zur Treppe. Dann konnte ich nicht mehr, schaffte es nicht die Treppe hinauf, hielt mich am Geländer fest und drehte mich um. Da sah ich ihn, den „Mummelkater". Eine fürchterliche Gestalt oben in der Luke des Nachbarschuppens. Ein Kartoffelsack, an dem man Arme und Hände sehen konnte und zwei große Löcher, weit oben, wo die Augen sein müssten. Aber diesmal flüsterte die Stimme nur noch: „Ich bin der Mummelkater" und plötzlich war er weg und die Luke zu.

Ich rannte die Treppe hoch in die Stube, weinte und erzählte meine Geschichte.

Ich weiß nicht mehr, was meine Eltern genau sagten, nur so viel, dass es keinen Mummelkater gibt, aber ich weigerte mich von Stund an abends allein auf die Toilette zu gehen, es musste immer jemand mitkommen, den ganzen Winter lang. Und tatsächlich, es kam kein Mummelkater mehr.

Seit diesem Erlebnis hatte ich aber Angst in der Dunkelheit, immer und überall. Im Zimmer musste immer das Licht brennen, bis ich eingeschlafen war.

Oder wenn ich vom Rodelberg kam, bin ich das letzte Stückchen Straße bis zu unserem Haus gerannt, wie von Furien gehetzt. Es könnte ja der Mummelkater wieder hinter mir her sein.

Im Spätherbst des folgenden Jahres sollte ich wieder allein zur Toilette gehen. Meine Mutter oder Oma blieben aber solange oben auf dem Tritt stehen und warteten, bis ich wieder da war. Es passierte nichts mehr und so machten wir es jeden Abend, bis zum Winter. Dann sagten meine Eltern eines Abends, siehst du, es gibt keinen Mummelkater. Versuch es wieder allein. Ich wollte mutig sein, tat es auch und lief ganz schnell zur Toilette, Zeitungen habe ich mir nicht mehr angeschaut. Ein paar Tage ging auch alles gut und ich wurde ruhiger.

Doch plötzlich eines Abends, hörte ich sie wieder, ich hatte gerade die Tür zugezogen. „Ich bin der Mummelkater." Ich stand wie festgenagelt, dann riss ich die Tür auf, lief hinaus, drehte mich dabei um und sah ihn wieder. Es gibt ihn doch, den Mummelkater.
Als ich voller Panik in der Stube ankam, war meine Hose nass. Ich höre meine Oma noch wie heute, als sie sagte „Das Kind lügt nicht."

Am nächsten Abend sagte sie zu mir: „Heute verjagen wir den Mummelkater". Du gehst wie immer zur Toilette und bleibst dort und ich verstecke mich in der Waschküche, du brauchst keine Angst zu haben, ich bin da.

Und so machten wir es auch. Oma ging eine Stunde vor mir raus in die Waschküche, sie war direkt neben der Toilette.
Trotzdem hatte ich Angst, allein über den Hof zu gehen, aber ich wusste ja, Oma ist da.

Und tatsächlich, ich hatte kaum die Tür geschlossen, da war er wieder: „Ich bin der Mummelkater."

Ich hörte, wie meine Oma auf den Hof lief, ich habe sie noch nie so fürchterlich schreien und schimpfen gehört. Dann war Ruhe.
Sie machte die Tür auf, nahm mich in den Arm, tröstete mich und sagte: „Jetzt habe ich den Mummelkater verjagt. Du brauchst keine Angst mehr haben, er kommt nie wieder."

Es hat lange, lange gedauert, ich glaube zwei Winter lang, bis ich wieder allein gegangen bin, aber es musste immer jemand auf der Treppe stehen.

Aber sie hatte Recht behalten, der Mummelkater kam nie wieder. Heute weiß ich, dass es dieser besagte Nachbar war, der mich dann auch später belästigte.

Als Kind wusste ich es nicht und sollte es wohl auch nicht wissen. Im frühen Erwachsenenalter, wir wohnten schon in Tangerhütte, erzählte meine Mutter mir, wer es war, weil ich immer wieder anfing vom Mummelkater zu reden.

Die Angst vor der Dunkelheit im Freien hat mich mein ganzes Leben lang verfolgt, mal mehr, mal weniger. Jetzt im Alter merke ich, dass es weniger wird. Jetzt habe ich immer Pfefferspray in der Tasche, wenn ich im Dunkeln allein unterwegs bin.

In meinem Beruf als Kindergärtnerin und bei meinen eigenen Kindern, habe ich stets streng darauf geachtet, dass niemand ihnen mit irgendwelchen irrsinnigen Drohungen Angst macht.

Zu sehr wusste ich, was dadurch ausgelöst werden kann, dass eine kleine Kinderseele fast daran zerbrechen kann und für immer damit leben muss.

Lutz Sehmisch

Seifenblasen...

aus Tagen, die unendlich schienen
lassen Augen leuchten
und Wimpern sich verschämt befeuchten
schillern wie ein Regenbogen
durchschweben fremde Räume
wirken wie Drogen und
zerplatzen wie Träume!

Marion Krüger

Seifenblasen

Kinderträume Sommerspaß
mach mir eine Seifenblas
lass sie steigen hoch hinaus
viel, viel höher als das Haus
Regenbogenseifenspaß

Hannelore Orlowski

Rückblick – Gedanken über Träume und Erlebtes

Susanne hat Besuch von ihrer langjährigen Freundin, die gerade in einer Sinnkrise steckt. Beide gehen auf die 70 zu. Unvermutet fragt Kristina sie: „Hast du eigentlich deine Lebensträume verwirklichen können?" Darüber hatte Susanne bisher nicht nachgedacht. Kristina aber bohrt weiter: „Wovon hast du in deiner Kindheit und Jugend geträumt? Was hast du erlebt?" Susanne fühlt sich bedrängt, aber Kristina lässt nicht locker. Zögernd gibt Susanne schließlich nach und erzählt von ihrer Kindheit, von der Jugend und auch davon, was sie heute denkt.

„Ich gehöre nicht zu den Menschen, die schon in der Kindheit wissen, welchen Beruf sie einmal ergreifen wollen und wie das Leben als Erwachsener sein soll. Das tägliche Leben bot mir genügend Abwechslung, dass ich keinen Grund zum Träumen hatte. Meine Kindheit verbrachte ich auf dem Lande in einem kleinen Dorf. Jeder kannte jeden und man nahm gegenseitig Anteil. Das war schön, aber auch einengend. In den Ferien besuchte ich regelmäßig meine Verwandten in Schwerin und lernte dort eine ganz andere Welt kennen. So war mein Leben damals ein Pendeln zwischen Stadt- und Landleben. Meine Cousine war 15 Jahre älter und wie eine große Schwester für mich. Sie, ihr Mann und ihre Eltern zeigten mir Schwerin und das kulturelle Leben dieser Stadt. Der Mann meiner Cousine war stellvertretender Bürgermeister und für die Kultur verantwortlich. Unter anderem war er auch für die Künstler zuständig. Vier Künstler hatten am „Pfaffenteich" ein Atelier, wo ich oft war und meine Freude hatte, sie bei ihrer Arbeit zu beobachten. Einige Arbeiten zeigten sie mir allerdings nicht. Sie meinten, manche Werke darf man sich erst nach der Vollendung anschauen. Ich glaubte das. Dann nahmen sie mich einmal mit zum Standesamt der Stadt und ich sollte mir ein fertiges Auftragswerk ansehen. Ich freute mich darauf und war sehr neugierig. Beim Betrachten des Werkes – eines großen Wandgemäldes – wurde mir allerdings ganz seltsam zumute. Immer wieder guckte ich abwechselnd das Bild und die Maler an. Sie guckten wiederum gespannt auf mich. Ich war verstört und wurde verlegen: Kein Zweifel, auf dem Bild war ich zu sehen. Es war ein Brautpaar in verschiedenen Szenen dargestellt, und ich war die Braut. Die Überraschung war den

Malern gelungen! Meine Cousine, die eingeweiht war, schickte mir später Zeitungsartikel. Darin wurde viel über das Bild diskutiert und es wurde von den Einwohnern und ihren Gästen sehr gut angenommen.

Meine Verwandten sind aber auch viel mit mir ins Kino und Theater sowie ins Museum gegangen. Ich hatte sogar das Glück, Kurt Masur als jungen Dirigenten in einem Konzert zu erleben. Das alles beeindruckte mich sehr und alles, was ich sah und hörte, sog ich auf und speicherte es. Wieder in meinem Dorf suchte ich mir in Büchern weitere Informationen über Malerei, Theater, Konzerte. Obwohl ich durch das viele Lesen eine blühende Fantasie entwickelte, waren meine Träume eher bescheiden und ein Gemisch aus Realität und Bücherwissen.

Nie wollte ich eine Prinzessin oder eine andere unrealistische Person sein. Selbst das Verkleiden bereitete mir keine Freude. Ich machte mir eher Gedanken darüber, wie das Leben ist, warum es Kriege und so viel Ungerechtigkeit gibt. Das hätte ich gern ändern wollen!
Inzwischen sehe ich das Leben nicht nur in Schwarz und Weiß, sondern kenne viele Schattierungen: Ich glaube daran, dass es zwischen Himmel und Erde mehr gibt, als wir gemeinhin sehen und erleben. Ich gestatte mir jetzt im Alter Träume und habe Freude am Träumen. Das erleichtert mir das Leben. Die Realität ist mir jedoch immer wichtig und bewusst, wie du weißt."

Kristina hat aufmerksam zugehört, aber unterbricht jetzt die Freundin: „Du hast so viel Schönes erlebt, hast aber andererseits eine schwere gesundheitliche Schädigung erfahren. Wie erträgst du dein jetziges Leben?" „Manchmal muss man vergessen, was ist und sich freuen auf das, was kommt. Solange ich jeden Morgen wage, zu mir selbst zu sagen: Fang wieder an! Streif die Mutlosigkeit ab! Sei ein lebendiger Mensch! Solange habe ich die Chance, neu zu beginnen. Ich lebe jetzt eben anders, meinen körperlichen Einschränkungen entsprechend und erfahre dabei viel Hilfsbereitschaft, aber auch manche Verletzung – meist aus Gedankenlosigkeit."

Kristina sitzt noch eine Weile schweigend und nachdenklich da. Dann bedankt sie sich bei Susanne und verabschiedet sich.

Bild: Hannelore Orlowski

Elke Martina Hanitzsch

Freundschaft

Die Rosen blühen in so vielen Farben, und wie sie duften … Bienen tummeln sich darin. Es ist ein wunderschöner Junitag – blauer Himmel und ein paar Wölkchen sind über uns. Lange hat es nicht geregnet – viel zu lange. Staub liegt in der Luft … und ein Flirren in der Hitze. Noch ist der Rasen etwas grün, doch wartet alles auf den Regen. Er ist aber nicht in Sicht. So sitzen wir schwitzend unter Bäumen. Mitten in der Natur des Gartens und das tut so gut. Ich bin zu Hause bei meiner Freundin Stephanie. Wir kennen uns seit 34 Jahren und sind einander sehr vertraut. Eine Menge Leben haben wir als Freundinnen miteinander geteilt. Jeder hat so seine Sorgen, Probleme, inneren Konflikte. Da ist man eng beieinander und beim Erzählen haben wir mal eine Träne im Auge und dann wieder ertönt ein Lachen aus vollem Herzen. Doch Stephanie ist auch auf eine tolle Art so völlig anders als ich … ihre Sichtweisen geben mir immer wieder Anstöße zum Anders Denken. So sitzen wir da … und warten auch auf den Regen. Wir fühlen uns vertraut, verbunden und verstehen uns auch ohne Worte. Und ich weiß: „Auch das ist Glück!" Es ist Glück, Menschen zu begegnen, Menschen kennenzulernen – und dann zu spüren, dass man einander versteht. Und diese Verbindungen zu halten, Menschen treu zu sein. Denn außerhalb der Familie gibt es eine andere. Ich nenne sie schlicht: „Familie des Herzens". Und auch in dieser kann ich ganz wunderbar zu Hause sein. Beides gibt mir die Kraft, den Wogen des Lebens standzuhalten, ihnen zu begegnen. Denn alles verändert sich ständig - Panta Rhei. Zudem schenkt uns die Natur so viel Kraft und das Wissen um Erneuerung, um Wachstum und Vergehen. Nun dunkelt es und es wird Zeit, sich zu verabschieden. Stephanie und ich umarmen uns herzlich … Als ich dann, ca. 30 km von ihrem Haus entfernt, durch rauschende Weizenfelder heimwärts fahre, verdunkelt sich ganz plötzlich der Himmel. Auf einen Schlag fängt es an zu regnen – immer mehr, immer stärker! Ich komme an eine Kurve, die steht schon knietief unter Wasser und die Feuerwehr leitet den Verkehr auf die andere Fahrspur um. Meine Scheibenwischer schaffen es fast nicht mehr… Nun atmet die Natur auf – wie hat sie nach Regen gedürstet. Ob es bei Stephanie auch so regnet? Dann hat sich eine Hoffnung erfüllt.

Maria Merten

Freundinnen

Zwei ehemalige Schulkameradinnen treffen sich nach einigen Jahren. Sie haben sich lange nicht gesehen und freuen sich auf das Wiedersehen.

Birgit ist auf der Rückreise vom Urlaub und hat sich als Zwischenstopp mit ihrer Schulfreundin Karin zum Plausch verabredet. Als die Eltern noch lebten, sahen sie sich öfter, doch nun sind die Treffen leider seltener geworden.

Bei ihrem Besuch eines Cafés tauschen die Schulfreundinnen ihre Erfahrungen und Erlebnisse der letzten Jahre aus. Sie sind teils lustig, teils sehr ernst, denn in den letzten Jahren ist in beiden Familien viel passiert.

Birgit ist nach ihrer Ausbildung an die Ostsee gezogen. Sie hat dort geheiratet und ist Mutter von zwei Kindern, Tochter und Sohn. Sie hat auch einen Enkelsohn, der bei der Marine ist.

Wenn er kann, besucht er oft die Eltern und Großeltern.

Ihrer Familie geht es gut und sie betreiben eine kleine Pension.

Karin hat auch zwei Kinder, Töchter. Die eine Tochter ist in Amerika verheiratet und hat keine Kinder. Sie will an ihrer Karriere festhalten und da sind die Kinder störend.

Die andere Tochter wohnt außerhalb und sie besuchen die Eltern so oft sie können.

In den Ferien sind die Enkelkinder viel bei den Großeltern. Denn dort fühlen sie sich wohl und sind gern dort. Oma und Opa nehmen sich viel Zeit für die Kinder und es tut allen gut. Die Großeltern können viele schöne Geschichten erzählen und das finden die Kinder immer ganz spannend. Sie fragen auch oft, wie denn ihre Mama war und was sie als Kind alles so angestellt hat?

Plötzlich öffnet sich die Tür und Ursula steht im Café. Sie ist auch eine ehemalige Klassenkameradin der zwei Frauen.

"Ich habe durch das Fenster gesehen und euch entdeckt. Ich glaub es nicht, wie lange haben wir uns nicht gesehen!" Sie setzt sich einfach dazu und bestellt sich Kaffee und Kuchen.

Das Geschnatter nimmt seinen weiteren Verlauf. Dabei heißt es öfter, - weißt du noch, ...
- oder was macht denn....
- hast Du noch Kontakt zu....
die Namen der anderen Schulkameradinnen werden genannt und sie sind interessiert, wie es ihnen geht.
Beim Kaffee und Kuchen verrinnt die Zeit und sie haben sich noch so viel zu erzählen.

Dieser Nachmittag war für alle sehr schön. Ein neuer Treff wird wohl wieder einige Zeit dauern.
Sie haben sich aber versprochen nicht wieder so lange zu warten.

Hannelore Orlowski

Wie damals

In Farben schwelgen,
mit dem Drachen im Wind,
Kastanien sammeln,
mit den Füßen im Laub,
dem Abschiedsgesang der Vögel lauschen,
genieß ich Herbst wie damals als Kind

Marion Krüger

Sehnsucht

So eben bist du aus der Tür
da sehne ich mich schon nach Dir
greife zum Hörer rufe dich an
damit ich Dich wenigstens hören kann

Nähe

Deine
klaren Augen
streicheln
zärtlich
mein Gesicht
deine
zarte Hand
berührt mich
als sage sie
ich liebe dich

Deine Augen

Ist der Tag auch grau in grau
erscheint am Horizont ein Licht
ich in liebe Augen schau
wen erkenn ich…Dich

Marion Krüger

Erste Liebe

Finger berühren sanft Dein Gesicht
was wir hier tun, kennen wir nicht
Mund küsst Stirn, Nase und Wangen
hab keine Angst, musst nicht bangen
wenn Herzen sagen, ich liebe dich

Augenblicke

Lächeln trifft mich
ist mir fremd
zartes Gefühl keimt
suche den Blick
tauche ein
genieße

Ausklang

Im schönsten Sonnenuntergang
spazieren wir am Waldesrand
Hand in Hand zu zwein
wollen uns ganz nahe sein
einen Herzschlag lang

- Ich erinnere mich -   -Jugendjahre-

Ich war 12 Jahre alt, als wir aus meinem geliebten Heimatort fortzogen. Und obwohl ich darüber so traurig war, war ich doch auch froh, aus der Nähe meines Nachbarn zu kommen, an den ich keine schönen Erinnerungen hatte.

Drei Kilometer von meinem Elternhaus entfernt befindet sich eine kleine Stadt mit einem wunderschönen Park, in dem zwei Schlösser stehen. Sie wurden von dem Besitzer der Eisenhütte erbaut und dienten in den 60er Jahren Patienten mit TBC als Rehabilitationsheilstätte. Im neuen Schloss wohnten sie, im alten Schloss wurden sie unterrichtet oder umgeschult.

Und genau in diesem schönen Park wohnten wir, gerade rüber vom alten Schloss. Mein Vater wurde nämlich dort als Gärtner eingestellt, es war sein Beruf. Ich fühlte mich in dieser Umgebung sofort wohl, da der Park zum Rumstromern nur so einlud.

Und ich fühlte mich sicher. Kein Mummelkater mehr, von dem ich immer noch nicht wusste, wer er war und kein Nachbar mehr, so dachte ich.

Mit der Tochter des Verwaltungsleiters freundete ich mich sofort an und wir unternahmen gemeinsam viele Streifzüge durch den Park, kletterten auf der Ruine des Haselbergs herum, versuchten das Mausoleum näher zu ergründen, gruselten uns aber auch davor, wenn wir durch die eingelassenen Mauerspalten auf die alten Särge schauten, die dort noch standen. Aber wir kochten auch so manche Dummheit aus.

Einmal schlossen wir die gesamte Patientenklasse in ihrem Unterrichtsraum ein. Der Schlüssel steckte von draußen und lud gerade dazu ein. Danach spazierten wir draußen unter dem Balkon vorbei, auf dem alle standen, weil Pause war und sie raus zur Toilette wollten und baten uns, doch mal reinzukommen und aufzuschließen, irgendeiner hätte sie eingesperrt. Wir kicherten und freuten uns diebisch, raus gelassen haben WIR sie nicht. Wir waren ganz schön kleine Biester.

Ach ja Toiletten, einmal haben wir alle diese im Haus mit Toilettenpapier verstopft, um zu sehen, was dann passiert. Wir waren eben experimentierfreudig, wenn man so will.

Genau das trieb uns wohl auch, als wir vom nahegelegenen Teich diese schönen großen Keulen holten, an deren Enden so eigenartige Zigarren wuchsen. Wir wollten doch mal ausprobieren, ob diese auch qualmten. Natürlich nicht draußen, nein, im alten Schloss verteilten wir sie überall und zündeten sie an. Und wie sie qualmten. Von weitem beobachteten wir, wie alle Patienten unsere Dummheit aufgebracht beseitigten.

In mir steckte damals schon so eine Abenteuerlust, die ich mir bis heute bewahrt habe. Mit mir kann man Pferde stehlen, wenn man will.

Das merkten auch meine Mitpatienten hier in Jerichow.

Zum Vatertag hatten wir für unsere Männer eine kleine Aufmerksamkeit vorbereitet, schöner Tischschmuck, kleine Geschenke usw.

Durch einen Mitpatienten erfuhr ich, dass die Männer für uns auch etwas vorbereitet hatten, nämlich eine Wasserschlacht mit Wasserbomben. Sie meinten, sie ließen mich aus, ich wäre doch zu alt dafür und sie müssten Rücksicht auf mich nehmen. Da hatten sie aber die Rechnung ohne mich gemacht und ich versicherte, sie nicht zu verpetzen, aber ich wäre voll dabei.

Verraten hatte sich René dann selbst und so bereiteten wir Frauen uns natürlich darauf vor. Die Wasserschlacht, die dann am Nachmittag abging, war sehenswert, sogar der Flur stand unter Wasser. Ich war voll in meinem Element und überraschte so manchen Mann eiskalt. Selbst blieb ich Dank meiner Reaktionsfähigkeit trocken und die jungen Hüpfer staunten nicht schlecht. Es hat riesigen Spaß gemacht und ich hatte lange nicht so viel gelacht.

Aber weiter.

Im gleichen Jahr, als wir nach Tangerhütte zogen, zum Herbstende, lernte ich meinen ersten Freund Frank kennen, meinen späteren Mann. Ich war fast 13, er im Sommer 12 Jahre alt geworden.

Wir trafen uns auf dem Schulweg, meine Schule lag im Zentrum, seine weiter außerhalb. So wartete er dann jeden Tag mit seinem Fahrrad auf mich und brachte mich nach Hause. Der Park lag ja am Ende der Stadt. Wir gingen spazieren oder meine Oma schickte uns ins nahegelegene Heimatdorf, um das Grab des Großvaters zu pflegen. Eine richtige Kinderfreundschaft, die nach knapp eineinhalb Jahren endete und später wieder neu entflammen sollte. Oma war damals die Einzige, die davon wusste.

Vor meinen Eltern hielt ich es tunlichst verborgen. Und Oma verpetzte mich nicht.

Eines Tages fragte sie mich, sag mal, wie heißt denn dein Freund mit Nachnamen. Seyer sagte ich und Oma staunte nicht schlecht. Sie überlegte und sagte dann, dass wir mit Seyers noch um einige Ecken verwandt wären. Mein Großvater und sein Großvater waren Cousins. Naja, meinte sie, du musst ihn ja nicht gleich heiraten. Das Schicksal wusste es besser.

Ich fühlte mich zu diesem Zeitpunkt meines Lebens rundum wohl, bis zu jenem Tag in den Ferien des darauffolgenden Jahres, als mein Vater zu mir sagte: „Morgen früh kommt Onkel Stibach (so hieß mein früherer Nachbar), er hat sich ein Auto gekauft und möchte mit dir nach Stendal fahren, um dir was Schönes zu kaufen."

Ich fühle heute noch, wie mir der Schreck in die Glieder fuhr und ich mich mit allen möglichen Ausreden sträubte, mitfahren zu müssen.

Aber es half nichts, ich musste mit und so saß ich am nächsten Morgen klein und zusammengesunken auf dem Beifahrersitz und sprach kein Wort. Selbst jetzt beim Schreiben rauscht es in meinem Kopf, nur in Erinnerung daran und es ist doch schon so lange her.

An den Ausflug in Stendal und was er mir gekauft hat, kann ich mich nicht mehr erinnern. Umso mehr aber an die Rückfahrt.

Wir waren kurz vor Tangerhütte, als er anhielt. Mit der Begründung, er müsse austreten, fuhr er in einen Waldweg. Als er wieder einstieg, fing er an, mich zu begrapschen, fasste mir blitzschnell in den Slip und stellte mir unsittliche Fragen. Ich schrie, er solle mich loslassen, bekam die Autotür auf und lief weg. Er kam mit dem Auto hinterher und forderte mich auf einzusteigen.

Ich weinte und sagte, ich würde zu Fuß nach Hause laufen und alles erzählen. Da versicherte er mir, mich zufrieden zu lassen und ich stieg wieder ein. Wie wir nach Hause gekommen sind, weiß ich nicht mehr, aber es beschäftigte mich tagelang und ich hatte Angst, dass ich ihm wieder begegne. Aber ich sah ihn nie wieder. Gesagt habe ich zu Hause nichts.

Ich weiß nicht, ob es mit dafür verantwortlich war, dass ich dem anderen Geschlecht immer distanziert gegenüberstand, obwohl es mich auch anzog. Aber ich ließ auch mit 15, 16 Jahren keinerlei körperliche Nähe zu, da brauchte es nicht mal das Verbot meines Vaters, der von meinen Freundschaften sowieso nicht viel mitbekam, weil ich es eben verstand, diese vor ihm zu verheimlichen.

Aber es gab Begegnungen mit einigen Jungen, an die ich mich noch genau erinnere. Aufklärung war ja zu meiner Jugendzeit ein Tabuthema und so kam es dann oft zu kuriosen Begebenheiten, die ich noch heute oft erzähle.

Ich war 14 und Bernd, ein Klassenkamerad, brachte mich oft nach der Schule nach Hause, wir hatten fast denselben Weg. An einem Nachmittag stieß er mich unabsichtlich, absichtlich vom Rad. Unter dem Vorwand, mir aufhelfen zu wollen, nahm er mich blitzschnell in den Arm und küsste mich auf den Mund und ließ mich so schnell nicht wieder los. Es war mein erster Kuss. Ich war so verdattert, dass ich wie eine Salzsäule stand.

War es das, was meine Mutter meinte, als sie zu mir sagte, als ich meine erste Regel bekam: „Und jetzt musst du schön auf die Jungs aufpassen." Ich dachte damals: „Wieso muss ich auf die Jungs aufpassen??" Gefragt hatte ich nicht. Nun wusste ich es.

Wochenlang dachte ich voller Angst, jetzt bekommst du ein Kind. Ich war fast 15 und hatte doch keine Ahnung. Ich wusste zwar, dass die Babys im Bauch wuchsen, aber wie sie da reinkommen, war mir schleierhaft. Ich vertraute mich dann einer Schulfreundin an, die wie ich glaubte, mehr wusste.

Sie hatte ein Buch „du und ich". Wir saßen stundenlang bei ihr hinter dem Sofa und so erfuhr ich, was wirklich zwischen Mann und Frau passiert und meine Angst unbegründet ist.

Bei meinen Kindern habe ich diese Aufklärung frühzeitig selbst in die Hand genommen.

Aber auch, als ich schon 16 Jahre alt war, habe ich mich ob meiner Unwissenheit höllisch blamiert. Heute lachen wir oft darüber, wenn ich aufgefordert werde, diese Geschichte zu erzählen.

Beim Jugendtanz, ich durfte am Nachmittag für 2 Stunden hingehen, lernte ich Monko kennen. Er war 18, hatte ein tolles Motorrad und sah blendend aus. Ich war sowas von verliebt. Er holte mich sonntags immer zum Spaziergang ab. Sein Motorrad parkte er dabei weit entfernt von unserer Wohnung, denn damit zu fahren, hätte mein Vater nicht erlaubt. Wir fuhren dann in den nahegelegenen Wald und gingen dort spazieren. Vorm Küssen hatte ich keine Angst mehr.

An einem Sonntag saßen wir am Waldesrand auf einer Bank und er legte zärtlich den Arm um mich, sah mir in die Augen und fragte: „Christa, weißt du, was ein Pariser ist?"

Gott sei Dank, dachte ich, hast du diesmal in Erdkunde aufgepasst, welches nicht mein Lieblingsfach war und so antwortete ich prompt und ganz stolz: „Natürlich weiß ich das, das ist ein Franzose!"
Es sollte der letzte Sonntag gewesen sein, an dem er mich abholte.

Ja, so war das eben, wenn man unwissend ins Leben geht. Kurze Zeit später kreuzte dann mein erster Freund wieder meine Lebensautobahn und es gab viele lustige Begebenheiten.

Bild: Hannelore Orlowski

Christa Seyer

Augenblicke

Das erste Sehen, wie vom Blitz getroffen,
ein Wimpernschlag, ein Augenblick,
lösten Gefühle aus, die längst erloschen
- geglaubt -
es sei kein Funken Glut mehr da.
Und doch - der Augenblick hat sie entfacht.
Sie wird ihn nicht preisgeben,
diesen Augenblick.
Nur die Fantasie gibt den Gefühlen Raum,
lässt die Schmetterlinge fliegen
- macht sie glücklich -
nach jedem Augenblick

Elke Martina Hanitzsch

Blicke

In Deiner Augen Tränen
seh ich der Sterne Glanz
sie halten mich gefangen
sie halten mich auf Distanz.
Doch in Deinem Lächeln
Kann ich die Liebe sehen
Die Sterne kommen nahe
Es ist um mich geschehen.

Marion Krüger

Dich aber liebe ich

für mich ist leben
dich zu lieben
mich fallen lassen
sanft in Deinen Arm
Deinen Atem spüren
zärtlich und warm
Deine Wärme saug ich auf
schmieg mich sanft an Dich
liebe jeden Sonnenstrahl
den Dein Blick mir schenkt
der das Leben mir erhellt
Dich, mein Herz, aber liebe ich
mehr als alles auf der Welt

Dein Lachen

Liebe dein Lachen
brauch´s beim Erwachen
kann davon schwärmen
es hilft mich zu wärmen
manchmal fehlt es mir
denke dann bei mir
hat es die Zeit uns genommen
da hör ich´s verschwommen
dein Lachen

Lutz Sehmisch

Deine Hand

Gib mir deine Hand.
Komm, laufen wir ein Stück.
Siehst du ihre Blicke?
Sie geh´n den Weg zurück.
Wir geh´n ihn nach vorn,
entgegen dem Gemüt
Sie laufen auf vor Zorn
... und wir laufen weiter, immer weiter.

Komm, gib mir deine Hand.
Lass ab von ihrer Scham.
Sie kennen nicht das Stück
uns´res Weges, uns´ren Gram.
Sie laufen jenen Weg,
der falsch uns beiden scheint.
Sie Verleugnen unser Band,
welches dennoch uns vereint.

Los - nimm schon meine Hand!
Lauf weiter stur nach vorn!
Sie ändern ihren Blick.
Doch blicken noch voll Zorn.
Sie folgen uns in Hast,
fernab von ihrem Ziel.
Sie laufen ohne Rast.
... und wir laufen weiter, immer weiter.

Halte meine Hand!
Halt fest, was leicht verfliegt!
Ich höre ihren Ruf.
Ihr Hass ist nicht versiegt.
Ich spüre dich bei mir.
Das Pochen deiner Hand.
... und wir laufen weiter...
... immer noch unerkannt...

Lutz Sehmisch

nie mehr zurück

auf wogendem meer
fliegt mein schatten
in fadem mondenlicht

der tag erwacht
der himmel entfacht
ein flammendes meer

einer weiß wovon ich träum
eine handvoll sonnenschein
leidenschaftlich brennend

ein lächeln für mich allein

Martina Haake

Begegnung

Deine Blicke entfesseln
deine Nähe lässt mich sein
deine Worte treffen
ich lasse mich gerne
auf dich ein

Im Dreivierteltakt

Langsamer Walzer
im Mondschein
langsamer Walzer
MIT DIR
ein Paradies
der Sinne
wie lang schon
ist es her

Martina Haake

Gemeinsam

Tief in mir drinnen
wohnt eine Stimme
die will erhört
und verstanden sein
Gefühle sprechen
mehr als nur Bände
Verstand lässt sich
endlich darauf ein

Bild: Martina Haake

Martina Haake

BeFREIung

Ein paar Worte von DIR
und schon geht es mir
so gut, dass ich verstehe
viel klarer sehe
DU sprengst die Ketten
meiner Not
reichst mir den Schlüssel
für diese Tür:
direkt HIN ZU MIR

Ein Geschenk für die Welt

von wegen
besser oder schlechter
für wen oder was
der Mensch
sich eigentlich hält
so ist doch
jeder von uns
aus tiefstem Grunde
einzigartig und
ein Geschenk für die Welt

Marion Krüger

Rena und die totale Überwachung

Es ist Mitte der 80er Jahre. Ein kleiner brauner „Kugelporsche" rollt über die B71 Richtung Haldensleben. Eine lustige Fuhre. Rena, ihre Schwester und ihre Mutter sind auf dem Weg nach Haldensleben. Dort wollen sie sich mit ihren Verwandten treffen. Sie sind Binnenschiffer und liegen gerade in Haldensleben um Ladung zu löschen.

Im Bahnhofshotel haben sie sich verabredet. Lange müssen die drei nicht warten. Dann sind die Verwandten da.

Vor lauter Wiedersehensfreude fällt ihnen nicht auf, dass am Nachbartisch zwei junge Männer Platz genommen haben.

Zunächst werden die Neuigkeiten der Familien ausgetauscht. Nach drei Stunden müssen die Schiffer sich langsam verabschieden. Ihre Ladung wird gelöscht sein und sie können die Heimreise nach Duisburg antreten.

Rena geht schon zum Parkplatz, um noch eine Zigarette zu rauchen.

Doch was ist das, neben ihr tauchen die zwei Männer vom Nachbartisch auf. Während der eine am Auto rumhantiert, gesellt sich der Andere, fast wie zufällig zu ihr. Er zündet sich auch eine Zigarette an und will ein Gespräch beginnen. Er fragt Rena, woher sie denn käme und was sie hier mache, da kommt die Familie auch zum Parkplatz.

Es beginnt die große Verabschiedung, zwei Plastiktüten wechseln von einem in den anderen Kofferraum, dann fährt der „Kugelporsche" Richtung Heimat.

Als sie den Parkplatz verlassen, setzt sich das Auto der zwei Männer hinter sie. Rena merkt es sofort.

Es geht quer durch die Stadt, aber sie sind noch da. Sie fahren schon lange auf der B71, aber sie hängen noch an der Stoßstange des Kugelporsches.

Nun wird Rena doch unruhig und sie stupst ihre Schwester an. Die nickt nur, denn auch sie hat sie längst bemerkt.

Jetzt fährt Renas Schwester etwas schneller, aber sie werden ihre „Begleiter" nicht los. Als sie auf die Autobahn fahren und die Herren immer noch an ihnen kleben, ist es vorbei mit der Ruhe. Der Mutter ist der nervöse Blickkontakt ihrer Mädels längst aufgefallen.

Ja, sie werden verfolgt. Sie fragen sich, was wird nun passieren? Gleich sind sie zu Hause. Alle drei spüren ihr Herz heftig schlagen. Kurze Überlegung, sollen sie direkt nach Hause fahren, oder woanders anhalten. Egal, die wissen doch genau, wo wir wohnen.

Also nach Hause. Tor auf, in diesem Moment fahren sie an ihnen vorbei und halten vier Häuser weiter an. Die Schwester fährt das Auto auf den Hof, Rena macht schnell das Tor zu. Reifen quietschen, die „Stasi" hat gewendet und rast mit Karacho die Einbahnstraße in Richtung Autobahn hoch. Erst als das Tor verschlossen ist, atmetn die drei auf.

Vertrauen müssen alle erst wieder lernen nach dem Mauerfall. Diese Feinde schwirren immer noch in den Köpfen herum und sind sicher nicht nur da.

Sie sind unter uns, also passt auf, wem ihr vertraut!

Lutz Sehmisch

Hölle ohne Himmel

dunkel und kalt ist es
zittere aus angst
angst vor stiefeltritten
sie holen mich ein
zertreten mein leben
weinen statt schlafen
kein himmel zu sehen
narben für immer
schmerzen qualvoll

Marion Krüger

Herbstmorgen

Langsam räkelt sich Rena wach. Ein Hauch von Herbstluft steigt ihr
in die Nase. Herbst, den sie so liebt.
Diese Farbenfreude, die er bietet und seine Gerüche verzaubern sie jedes
Jahr aufs Neue. Ein einmaliger Duft, wenn früh am Morgen die Nebel-
schwaden über den Feldern und in den Straßen liegen.
Keine andere Jahreszeit kann so eine Stimmung verbreiten.
Ein Blick zum Wecker, kurz vor 2 Uhr. Schnell greift Rena ihn, bevor er
klingelt. Zu so früher Stunde würden alle Nachbarn gleich mit aus den
Federn geschmissen.
Heute ist es nun so weit. Sie bekommt ihre erste Halle in Eigenver-
antwortung. 12 000 Küken kommen kurz nach Mitternacht aus Ungarn
in Berlin-Schönefeld an. Gegen 3:30 Uhr werden sie dann mit dem LKW
hier im Betrieb eintreffen. Also nichts wie raus aus dem kuscheligen
Bett. Kurze Zeit später läuft sie durch die leeren Straßen. Die Stille um
sie herum tut ihr gut. Fast gierig saugt sie die feuchte Nebelluft in sich
auf.
Ein wenig Ruhe tanken, bevor sie 12 000 Küken um sich haben wird,
die aufgeregt piepsen. Es ist ein zentraler Treffpunkt vereinbart.
Kurze Zeit später hat sie diesen erreicht. Zwei Kolleginnen kommen
müde um die Ecke. Viel zu früh stellen sie gemeinsam fest. Ein Betriebs-
auto wird sie hier abholen. Nun schweigen sie gemeinsam. Jeder hängt
seinen eigenen Gedanken nach.
Plötzlich kommt ein Auto angerast. Bremsen quietschen. Polizei!
Dem ersten Schreck folgt gleich ein zweiter. Ein uniformierter Beamter
steigt aus dem Auto.
Breitbeinig, eine Hand in die Hüfte gestemmt, mit der anderen zeigt er
auf Rena.
Du…die jungen Frauen sehen sich an, wer? Er sagt noch einmal, ja
du, herkommen. Etwas ängstlich geht sie auf ihn zu. Personalausweis!
Wie heißt du? Wo wohnst du? Was machst du zu dieser Zeit hier auf der
Straße? Sie denkt, was ist bloß los? Was wollen die von mir? Noch etwas
kleinlaut beantwortet sie alle Fragen. Hilft nichts! Die scheinen es besser
zu wissen. Reden sie mit einem ganz anderen Namen an. Du bist doch

Inka H…und wirst schon seit Tagen vermisst. Brauchst gar nicht zu leugnen, wir kennen deine Personenbeschreibung. Außerdem ist es ja nicht das erste Mal, dass wir nach dir suchen müssen. Du bist ja schon bekannt dafür, öfter mal auszubüchsen. Rena kann antworten, was sie will, die Beamten stellen alles infrage. Doch halt, wie hat der sie gerade angesprochen? Wie soll sie heißen? Sie kennt Inka.

Schnell ruft sie ihre zwei Kolleginnen zu sich und sagt ihnen, wen die Polizisten suchen. Ach, die! Kein Wunder antworten die zwei. Wir kennen sie, sie ist eine Kollegin von uns. Auch die jungen Frauen wissen, dass Inka schon mehrfach zu Haus abgehauen ist und dann natürlich auch nicht zur Arbeit kam. Arbeitsbummelei. So langsam verstehen die Polizisten, dass sie sich hier wohl geirrt haben.

Inzwischen kommt das Betriebsauto. Der Fahrer beruhigt die Polizisten und bestätigt die Aussagen der Frauen. Nun fahren sie endlich in den Betrieb, aber der Schreck steckt Rena noch den ganzen Tag in den Knochen. Sie hat noch nie die Arbeit gebummelt.

Kurze Zeit später entladen sie den LKW mit den 12 000 Küken. Behutsam setzen sie die Kleinen in ihr neues warmes zu Hause. Nun hat sie die Aufsicht über die Aufzucht dieser Broilerküken in den nächsten Wochen.

Fütterung, Spreupflege, täglicher Gang durch die Halle, um verendete und kranke Tiere auszusortieren und nicht zu vergessen, täglich die Desinfektionsmatten zu erneuern.

Wenn sie dann zu stattlichen Broilern herangewachsen sind, folgt die Vermarktung. Meistens auch eine Arbeit, die mit einer Verladung der Tiere in den frühen Morgenstunden beginnt, bevor sie dann zum Schlachthof der KIM gefahren werden. Doch noch ist es nur ein riesiger „Teppich" aus vielen flauschigen, gelben Küken.

Vor dem Feierabend am Nachmittag macht sie noch einen Rundgang durch ihre Halle.

30 Grad Raumtemperatur, ein 12 000faches Gepiepse und sie denkt an den aufregenden Morgen, mit dem dieser schöne Herbsttag begann.

Marion Krüger

Erinnerung und Hoffnung (für Ralf)

lockiges Haar,
seh Dich vor mir
strahlende Augen,
mir zugewandt
süßer Mund,
hast gerne gelacht
schaffende Hände,
sehr oft für mich
wünsche mir,
wenn ich geh, finde ich Dich

Warum (für Ralf)

Du warst mein Held.
Du gabst mir Sicherheit.
Mit dir machte Freizeit Spaß.
Du warst immer für mich da
Zu zweit standen wir vieles durch.
Das Wir war stark.
Gemeinsam wärmten wir uns.
Und nun.......
Nun bist du an einem anderen Ort.
Mir ist kalt! Ich bin leer!
Du fehlst mir!

Marion Krüger

5. Januar 2005 (für Bernd)

Anruf kam
du wirst gehen
Auto rast
über Autobahn
da liegst du nun
hast die Augen geschlossen
meine Hand
berührt deine Brust
sie ist noch warm
dein Herz schlägt noch
und dann…
nicht mehr… nie mehr

Aufbruch

Es will raus
ich lasse es zu
raus mit den Ängsten

Archivfoto Marion Krüger

Marion Krüger

Heute Nacht (für Vater)

heute Nacht sah ich dich

warst zufrieden

ohne Schmerzen

ein liebes Lächeln

lag auf deinem Gesicht

deine Augen waren stolz auf mich

heute Nacht sah ich dich

Martina Haake

WOHIN

Aus und vorbei
ich kann nicht mehr
keine Kraft
kein Horizont in Sicht
eingesperrt, eingemauert
nicht einmal mehr ein Zittern
habe vergessen, wie's geht
zu mir zu finden
an mich zu glauben
habe funktioniert
ohne zu merken
egal
vorbei
kein Vorwurf
kein Wort
keine Stimme
holen mich je zurück
die Welt um mich herum
wird immer kleiner
treibt mich in die Enge
schnürt mir die Kehle zu
und weiter noch
hier such ich jetzt:
meinen Frieden.........................

Bild: Martina Haake

Lutz Sehmisch

Ein einziger Mensch fehlt, und alle Welt ist leer

Wie Recht doch Albertus Magnus mit diesem Satz hatte, denkt Frank. Im Moment spüre ich diese leere Welt.

Es sieht aus, als ob er dasitzt, ohne etwas zu tun. Seine Augen scheinen genauso leer zu sein wie alle Welt. Komisch, dabei schwirren in seinem Kopf so viele Gedanken umher und verlangen viel von ihm ab. Die Gedanken wechseln sich immer wieder mit den letzten Bildern ab, die er von seinem eng vertrauten Freund Axel hat.

Dann stellt sich wieder die Frage: Wieso gerade Axel und wieso jetzt? Er ist doch nur acht Jahre jünger als ich. Ich kann es nicht begreifen. Der Tod hat ihm nur zwei Wochen Zeit gelassen, sich zu verabschieden. Es schmerzt furchtbar, dabei habe ich nie unsere Sterblichkeit, auch meine, bezweifelt. Aber sieht so das Ende aus?

Axel hat meine Seele berührt. Immer und immer wieder. Wie oft habe ich mit ihm über den Sinn des Lebens diskutiert, darüber was mich und ihn im innersten bewegt. Es fiel ihm nicht leicht, aber er hat mir auch seine schwachen Stellen gezeigt. Er war nicht der starke Kerl, war zart und zerbrechlich. Und dann wieder seine leuchtenden Augen, wenn er sich glücklich fühlte. Da ist das ermunternde Zwinkern seiner Augen, wenn ich ihm von Jonas erzählte.

Haben wir beide unser Leben damit verbracht, Buchstaben zu ordnen und immer wieder zu ordnen? Lyrisch klingende wohlgeformte Worte waren unser Werk, ließen den Blick in unser Innerstes zu.

Andere Menschen sterben, doch wir beide werden nicht sterben. Es ist undenkbar, dass Axel nicht existiert.

Wir sind eingeschlossen in unsere Erfahrungswelt und es gibt kein Fenster, kein Loch, keinen Riss, wo wir herausgucken können. Axel kann nicht sterben, wir können nicht sterben. Das Sterben gehört nicht zu unserem Leben. Der Tod ist ein Irrtum, den ich aus dem Leben verbannen möchte, doch was immer ich auch anstelle, so irrational der Tod auch erscheint, mir bleibt nichts anderes übrig, als ihn rational zu akzeptieren.

Wir sind durchs Leben gerannt und gehetzt, als ob wir nicht wüssten, dass es endlich ist. Jeden Tag daran zu denken, dass es eines Tages vorbei sein wird, ist absurd. Wir haben uns aber auch bewusst gemacht, dass Besitz und Macht am Ende kein gelungenes Leben ausmachen. Gemeinsam haben wir erkannt, dass es Gedanken sind, die unser Leben im Hier und Jetzt reicher machen können.

Was bedeutet eigentlich intensiv leben, wirklich leben? Welche Erfahrungen möchte ich machen – auf welches gelebte Leben möchte ich einmal zurückblicken? Welche Termine und Aufgaben kann ich mit mehr Gelassenheit angehen – auch wenn sie im Augenblick so furchtbar wichtig erscheinen…?

Was ist der Sinn meines Lebens und wo kommt er her? Die Weltgeschichte bestimmt den Sinn, glaubte Hegel. Das Universum bestimmt den Sinn, glauben viele religiöse Menschen. Sind diese Begriffe nicht sinnlos?

Friedrich Nitzsche, … Ja, ich glaube Friedrich Nitzsche war es, der glaubte, den Sinn geben wir selbst. Den Sinn meines Lebens kann nur ich finden.

So sehr ich den Tod fürchte, so hat er mir Dimension und Schärfe gegeben, meine Perspektive korrigiert und mich daran erinnert: Das Leben findet in diesem Augenblick statt. Nicht damals, gestern oder nächste Woche. Jetzt. Und jetzt.

Irgendwann kommt tatsächlich der Tag, an dem keine Zeit mehr ist. Die entscheidende Frage lautet: Was will ich sehen, wenn ich dann auf mein Leben zurückblicke?

Sind es nicht die Kleinigkeiten, die immer wieder aufs Neue glücklich machen. Dinge, die vielleicht albern wirken, über die ich mir kaum Gedanken mache. Und die trotzdem große Wirkung entfalten:

Jeder Mensch hat gute und auch schlechte Anteile in sich, die Welt ist nicht schwarzweiß. Bitterkeit macht mein Herz schwer und dunkel und der Einzige, der das spürt und darunter leidet, bin ich selbst. Warum also kostbare Lebenszeit mit Groll vergeuden? Lös die Konflikte und vergib.

Das Leben ist nur eine Aneinanderreihung von Augenblicken. Der Moment ist alles, was ich habe und der einzige Ort, an dem ich wirklich existiere. Ich lebe nicht in der Vergangenheit oder Zukunft, ich lebe jetzt.

Und irgendwann wird die letzte Seite vollgeschrieben sein. Irgend-
wann müssen alle gehen. Auch ich. Doch bis dahin bleibt Axel in mei-
nem Herzen und damit auch in meinem Leben.

Plötzlich klingelt es. Franks Gedankenschleife wird unterbrochen.
Er ist froh darüber. Ihm rollen dennoch Tränen über die Wangen. Er
öffnet die Tür. Jonas steht davor, sieht die Tränen und nimmt Frank in
seine Arme. Er wird ihn auf Axels Beerdigung begleiten.

Elke Martina Hanitzsch

Ich repariere....

meine kleine Welt
ist gar nicht mehr schön –
von Zweifeln zerfressen
will sie sich nicht mehr drehen
die Zweifel nagen
und zerstören mich noch ganz
ich frage mich
überlebe ich diesen Tanz
doch ich will reparieren
was eben noch so geht
die Seele wieder flicken
bis ein Funke Hoffnung entsteht
dann trag ich diesen Funken
tief in mein Herz hinein
und finde wieder Wege
ganz ich selbst zu sein

Sigrid Lindenblatt

Chance…

Sehnsucht
nach neuem Glück und Zufriedenheit.

Hoffnung
auf Lebendigkeit und Anerkennung.

Eine Tür
steht uns immer offen!

Bild: Sigrid Lindenblatt

Luise Winkelmann

*20.03.1922   †17.03.2020

Martina Haake

„L. W.“

Sie zu kennen

sie unter uns zu wissen

ist eine Bereicherung

im Leben

in einer Lebendigkeit

und Begeisterung

bei der es

an Mut, Überwindung

Würde und Achtung

nicht fehlt:

LUISE WINKELMANN

wahrhaftig

wegbegleitend

Suchen und Finden

zu sich selbst finden

in einer Bereitschaft

und Gemeinschaft

die bestärken lässt

Entdeckungsfreude und Hingabe PUR…………

Maria Merten

Das Versprechen

Wie so oft braucht man Hilfe. Und ist dann jemand da?
Meistens kann ich allen helfen, doch wenn ich mal selbst Hilfe brauche, hat niemand Zeit, wie üblich. Gesagt wird immer, wenn Du Hilfe brauchst, sag Bescheid.

Ich habe einen netten Nachbarn, er ist 93 Jahre alt und braucht auch Hilfe. Geistig ist er topfit, doch seine Kräfte lassen nach.

Seine Frau verstarb vor zwei Jahren und nun ist er allein.
Tochter und Enkelkinder arbeiten, nehmen sich leider sehr wenig Zeit für ihn. Am Samstag und Sonntag ist er meistens allein.

Oft hole ich ihn zum Kaffee zu mir. Doch es kann nicht zur Gewohnheit werden. Er hat seine Familie, die sich mehr kümmern müsste. Ich bringe ihm jeden Tag am Vormittag seine Zeitung und erzähle mit ihm. Wenn er Hilfe möchte, sagt er es mir. Nach dem schmerzlichen Verlust seiner Frau hat er sich zum Glück bei der Firma "Essen auf Rädern" angemeldet. So bekommt er dann von Montag bis Sonntag sein Mittagessen, was ihm auch schmeckt. Aussuchen kann er sich Wochenweise.
Zum Abend nach dem ersten Fernsehprogramm gehe ich wieder zu ihm und wir halten ein Schwätzchen, reden auch über alles, was ihn so bewegt. So auch über Themen, die er im Fernsehen sieht und ihm auf der Seele liegen, egal ob positiv oder negativ.
Bevor ich gehe, reibe ich ihm noch den Rücken und Brustbereich mit Pulmotin ein. Er hat teils Beschwerden mit der Atmung. Das tut ihm gut. Danach geht auch er bald schlafen.

So ist es jeden Tag und ich mache es gern für ihn. Wir haben uns immer gut verstanden und gegenseitig geholfen. Als seine Frau ins Hospiz kam und sich vorher von mir verabschiedete, bat sie mich ihm zu helfen.
Das Versprechen gab ich ihr und halte es auch sehr gern ein.

Zum Jahresende sagt er mir plötzlich: „Meinen 93. Geburtstag will ich aber noch erleben."
Doch überraschend geht es bergab mit ihm. Ich bin erstaunt und muss es erst einmal verdauen.

Soll er damit Recht behalten, ahnt er was?

Das Weihnachtsfest ist vorüber und das Neue Jahr beginnt. Dann kommt der 93. Geburtstag, sein Wunsch hat sich erfüllt. Ich gratuliere ihm am Vormittag und lasse den Nachmittag seiner Familie. Seine Tochter, Enkelinnen und die Urenkelin bereiten ihm einen schönen Kaffeenachmittag.

Weiß man, wie oft sie es noch gemeinsam genießen können?

Am Abend kommt er mir etwas brummelig vor, weil ich nicht zum Kaffee dabei war. Er versteht dann aber doch meine Entscheidung.

In den folgenden Tagen geht es ihm mal gut und dann hadert er wieder, alle Tage sind doch verschieden.

Am 11. Januar bin ich unterwegs und darum erst später zu Hause. Er wartet schon auf mich und ich muss ihm gleich erzählen, wie mein Abend war. Beim Verabschieden meint er noch zu mir: „Mal sehen, was morgen ist."

Es ist komisch, etwas treibt mich am nächsten Tag sehr früh aus dem Bett. Warum nur?

Um 7.15 Uhr klingelt das Telefon, die Alarmzentrale der Johanniter ist dran. Ich springe also schnell in meine Sachen und rüber. Er kniet vor der Badewanne und kann nicht aufstehen. Seine Tochter kommt auch gleich und wir helfen ihm hoch, setzen ihn auf die Toilette.

Er hat Schnappatmung und ich massiere ihm den Rücken, das tut ihm gut. Er scheint froh zu sein, dass ich da bin. Als es ihm etwas besser geht, erzählt er mir, wie es passiert ist.

Der Notarzt kommt und zwei Pfleger führen ihn in die Stube auf die Couch. Er erzählt mit ihnen und ist bei vollem Bewusstsein.

Er setzt sich, der Notarzt untersucht ihn und dann …

kippt er einfach um….

Die Kontrollmessungen zeigen, ---- er ist auf dem Weg zu seiner Frau und hat uns um 8.00 Uhr einfach verlassen.

Ich bin so zufrieden, er war zum Lebensende nicht allein. Der nette Nachbar hatte dann wohl doch Recht gehabt.

Gisela Langer

Traurigkeit

Ich bin traurig.
Finde im Traum nicht
aus dem Wald der Gefühle.
Plötzlich sehe ich
Licht am Horizont.
Ist dort die Traurigkeit vorbei?

Tropfen

Tränengroße Regentropfen
wenn liebe Menschen für immer gehen
bin ich im Herzen traurig und krank

kleine Tropfen erinnern mich
an vergangenes Glück
lachen mit Familie und Freunden
spüre Anerkennung, Geduld und
Mut zu unserer Liebe

Sandbaden

Es gibt nichts Schöneres,
als am Seeufer entlangzulaufen,
den weichen warmen Sand
an den Füßen zu spüren,
sich fallen lassen, ausstrecken
und der Sand rieselt durch die Finger.
Ein Gefühl, wie auf
Wolken zu schweben

Lutz Sehmisch

Das Leben

leben
licht, wärme
glücklich und erfüllend
dunkelheit und kälte im
tod

Träume

Lausche der Melodie des Meeres
sie überspült mich mit Ruhe
hüllt mich ein
in weißen Schaum wacher Träume
ein Augenblick für die Unendlichkeit
Sehe Meereswogen tropfend toben
edlen Glasperlen gleich
ausrollend ersterben ...

Elke Martina Hanitzsch

Vertrauen

Himmel und Wolken
Blitz und Donner
Regen und Sonne
Gott ist immer da
und hilft mir
dieses Leben zu leben.

Diana Enders

Nach Psalm 121

Hebe deinen Blick
Vom Weg,
seinen Steinen, dem Staub,
dem Schotter, den Fetzen bunter Folie,
den Glasscherben, dem Kronkorken,
dem zerbrochenen Katzenauge.

Beginne mit den Grashalmen am Rand.
Richte den Hals auf.
Öffne die Augen.
Sieh in den Himmel – grau, graublau, weiß
über das noch stoppelige Feld
bis über die Baumwipfel.

Lass dich irritieren von der seitlichen Sonne des Frühlings.
Fühle die schmerzende Helligkeit.
Lass dich blenden.
Richte deinen Rücken auf.
Entspanne deine Stirn.
Atme Luft in deine Lungen.

Und merke:
Du wirst nicht fallen und nicht stolpern
du kannst laufen
wohin du willst.

Jens Bley

Tag und Nacht Gedanken

Stille durchzieht den Raum, ohnmächtiges Licht verliert sich in der Dunkelheit, immer wieder der Blick auf die roten Zahlen des Uhrenradios. Langsam kriechen sie vorwärts.

Vor mir liegen unbezwingbare Hügel von Gedanken. An Schlaf ist nicht zu denken. Ich schaffe es nicht, mich von den Lasten zu lösen, die mich zu erdrücken drohen. Es sind unzählige Sorgen, Nöte und Ängste, die sich einreihen.

Habe ich übermorgen noch etwas zu essen. Kann ich mir noch ein Mittagessen zubereiten. Und was ist mit den Gläubigern, die mir immer noch auf den Fersen sind. Welche Schritte werden Sie unternehmen. Wie lange kann ich dem Druck noch standhalten.

Es fällt mir schwer, die Tränen zurück zu halten. Mein Herz beginnt schneller zu schlagen. Ich habe Angst. Droht es aus zu setzen? Bleibt es stehen? Wieviel Zeit bleibt mir noch? Es kommen die verdrängten Gedanken an Papa, den Herzinfarkt. Mir blieb keine Möglichkeit mehr, mich zu verabschieden. Er wollte mir noch so viel sagen und viel wieder gut machen, was er falsch gemacht hat. Das letzte, was er sagte war: „Bitte verzeih mir, ich weiß, ich habe dich nie als den Sohn akzeptiert, der du warst und du hast leiden müssen. Viele Jahre deiner Kindheit waren voller Schmerz."

Nun rinnen doch die ersten Tränen. Es ist halb zwei. Das Herz schlägt immer noch recht schnell. Ich denke an Mama. Warum ist sie nicht mehr da? Sie, …die mich immer in den Arm genommen hat, …meine Tränen getrocknet hat, …da war, als ich schwer krank war, …mich beschützt hat, wenn ich mich versteckt habe, weil Papa wieder getrunken hat. Mama war immer für mich da und dann war ich für sie da. Drei Jahre … Tag und Nacht war ich für sie da. Die Zeit der Pflege hat sich tief eingebrannt. Tage der Freude wechselten mit Tagen der Sorge und der Angst. Oft war ich seelisch völlig am Boden, weinte die ganze Nacht. Am nächsten Morgen musste ich so tun, als ob alles okay ist. Mama durfte nichts merken. Immer wieder fragte sie, warum machst du das Junge? Ich setzte mich auf das Bett, nahm ihre Hand und sagte mit zitternder Stimme „Ich hab' dich lieb, Mama."

Ich stehe auf, ...kann nicht mehr liegen, ...bin völlig aufgewühlt. Die Uhr zeigt kurz nach halb drei. Nun kann ich die Tränen nicht mehr verhindern. Die Gedanken kreisen um den 30.12.2011. Ich ging ins Schlafzimmer, ...war völlig erstarrt. „Was ist, Mutti?" Sie konnte nicht reden, sich nicht bewegen. Ich rannte zum Telefon, ... Notarzt, ... Diagnose Schlaganfall, ... fast vier Wochen Intensivstation, ...Tage der Angst. Das Bangen kam, dann folgten Monate im Pflegeheim. Ich konnte nur noch hilflos zusehen wie es ihr zusehends schlechter ging. Dann am 22.06.2012, abends um kurz nach sechs, der Anruf. Mama lag im Sterben. Ich bat meine Schwester, mich schnell in die Klinik zu fahren. Immer wieder während der Fahrt sagte ich „Bitte, lieber Gott, lass mich noch rechtzeitig ankommen." Ich schaffte es, ...ging in das Zimmer, ...sie war nicht mehr bei Bewusstsein. Ich nahm ihre Hand und ließ sie nicht mehr los. Wenige Minuten später schlief sie ganz friedlich ein. Ich saß da. Stille, ...warum konnte ich nicht weinen? Ich hielt immer noch ihre Hand, wollte sie nicht loslassen. Ich versuche die Gedanken zu verdrängen. Die Uhr zeigt schon fast drei. Das Atmen fällt schwer. Ich versuche, mich zu beruhigen. Doch gelingen will es nicht so recht. Wieder kommen Gedanken. Wie schaffe ich die nächsten Tage. Düstere Jahre folgten nach dem Tod von Mutti. Es drohte der Wohnungsverlust. Ich war allein, ...niemand, der mich in den Arm nahm und sagte, das wird schon. Zum ersten Mal in meinem Leben wollte ich aufgeben. Ich sah keinen Sinn mehr, weiter zu leben. Und doch sammelte ich meine letzte Kraft und bäumte mich gegen die drohende Obdachlosigkeit auf. Ich wuchs über mich hinaus. Nie hätte ich gedacht, so viel Selbstbewusstsein zu haben. Diesmal waren es Tränen der Freude. Obwohl das Leben schwer war, allein und ständig die Angst nichts mehr zu essen zu haben. Es gab Monate, in denen waren nicht einmal die notwendigen Medikamente da.

Wieder der Blick auf die Uhr. Halb vier, du müsstest doch mal schlafen, sage ich mir. Nein, da war doch noch was. Ja, der Entschluss nicht mehr allein bleiben zu wollen. Es kostete viel Überwindung, den Schritt zu wagen, ...einen Partner zu suchen. Wirst du eine Chance bekommen, den Mann, mit dem du glücklich werden möchtest, kennen zu lernen? Es gab einige Versuche, die alle misslangen. Ich verzweifelte, wollte aufgeben. Wieder sah ich in meinem Leben keinen Sinn mehr. Gedanken, wie das Leben beenden, drängten sich mir auf. Abermals sagte ich mir, nicht aufgeben. Mama hätte gewollt, dass du glücklich wirst. Wiederum begann ein neues Jahr. Ich schöpfte neue Hoffnung. Die Tage und Wochen zogen ins Land. Langsam verlor ich den Mut. Doch dann …konnte das sein, …klickte ich einen User an, las mir den Text durch. Ich war hin und her gerissen. Sollte ich schreiben oder nicht? Ehe ich mich versah, hatte ich schon eine Nachricht. >Hallo, ich bin der Lutz< Sollte ich antworten? Ich fasste all meinen Mut zusammen und schrieb zurück. Es ging dann immer hin und her. Eines Tages hatte ich dann einen Brief bekommen. Ich wusste nicht, was ich sagen sollte. Es war schon viele Jahre her, dass mir jemand geschrieben hatte. Ich las die Zeilen, die liebevoll und zärtlich geschrieben waren. Immer und immer wieder las ich den Brief. Träumte ich oder war das real? Ich konnte es kaum glauben. Was ich da in den Händen hielt, waren Worte voller Poesie. Einige Zeit später das erste Treffen. Ich war nervös, aufgeregt und das Herz raste. Mehr als seinen Namen wusste ich nicht. Lutz, auf einmal schossen mir so viele Gedanke durch den Kopf. Wie wird er mit deinen Krankheiten umgehen und was wird er sagen, da du ein Mensch bist, der nichts besitzt und nur sehr wenig zum Leben hat und da sind ja noch die vorhandenen Schuldenlasten, die mir die Luft zum Atmen nahmen.

Wir waren wohl beide sehr aufgeregt und doch haben wir viel geredet. Der Nachmittag verging viel zu schnell.

Am Abend begleitete ich ihn zum Auto. Es regnete. Damals fiel mir der Abschied schwer. Lange sah ich ihm nach und immer wieder die Frage, wird er wiederkommen? Ich spürte schon damals eine innere Verbundenheit. Wiederum erhielt ich Briefe, die voller warmer und liebevoller Worte waren. Und doch war wieder die Angst da. Die Gedanken, wirst du ihn auch verlieren, wie es schon vorher passierte? Mir war bewusst, immer und immer wieder würde ich das nicht schaffen. Ich zögerte, war durcheinander, war hin und her gerissen. Doch dann passierte es. Ich verliebte mich in ihn. Zum ersten Mal nach vielen Jahren spürte ich Wärme und Geborgenheit. Ein Gefühl, das mir viele Jahre meines Lebens fremd war. Ich fragte ihn einmal, warum er mich liebt, obwohl ich doch eher der Verlierer Typ bin. Die Antwort rührte mich zu Tränen. „Es ist deine Warmherzigkeit, die mir den Tag erhellt, …deine Worte, die meinem Leben wieder einen Sinn geben, …deine Liebe, ohne die ich nicht mehr sein möchte." Ich wusste nicht, was ich sagen sollte. Wieder dachte ich, das kann nur ein Traum sein, doch es war real …du warst real, …ja du, Lutz meine große Liebe.

Ich sitze auf der Couch, möchte nicht auf die Uhr sehen. In diesen Minuten komme ich langsam zur Ruhe. Ein kleines Lächeln verdrängt die düsteren Gedanken. Wenn ich an ihn denke, dann verfliegen die Ängste und die Sonne durchbricht das Dunkel der Nacht. Nun schaue ich doch auf die Uhr. Schon halb sechs, draußen beginnt langsam das Leben zu erwachen. Vögel beginnen mit ihrem Morgengesang und siehe da, meine beiden Lieblinge neben an werden auch langsam munter und stimmen hier und da in den Gesang mit ein. Das Nymphensittich Männchen umgarnt seine Angebetete. Ein wenig müde bin ich nun doch, schließe meine Augen und denke an ihn. Gegen acht werde ich wach. Hast du jetzt schlecht geträumt oder war die Nacht real? Doch, sie war real. Das Taschentuch, welches meine Tränen getrocknet hat, liegt noch da. Es war kein Traum. Es waren wieder die Gedanken, die immer und immer wieder den Kopf beherrschen, mir den Schlaf rauben, mir die Luft zum Atmen nehmen, mein Herz zum Rasen bringen. Aber da ist auch die Sonne, die mein Herz erwärmt, die Stimme, die meine Seele erhellt. Der Mann an meiner Seite, der mir Kraft zum Leben gibt. Seitdem du, Lutz, in mein Leben getreten bist, sehe ich wieder einen Sinn dem Tag entgegen zu treten mit all seinen Herausforderungen, mit all seinen Aufgaben, auch wenn mir nachts zuvor von düsteren Erinnerungen der Schlaf geraubt wurde. Du bist das Wichtigste in meinem Leben geworden. Du hast die Kraft, all diese Gedanken zu vertreiben, wenn deine Hand mich berührt, spüre ich das Band, das uns verbindet.

Nun wird es Zeit, den Tag zu beginnen und die Nacht zu vergessen und siehe, da war es wohl Gedankenübertragung. Das Smartphon meldet sich. Mein Schatz hat geschrieben, wünscht mir einen Guten Morgen. Wie kann er wissen, dass ich gerade an ihn denke, an mein Knuddelbärchen, den ich über alles liebe.

Doch in dieser Zeit wird auch unsere Beziehung auf eine harte Probe gestellt. Da ist Corona. Angst habe ich mehr um ihn als um mich. Ich vergesse meine Herzerkrankung. Wehmütig denke ich daran, wann ich mit Ihm wieder gemeinsam in einem Konzert sitzen, einer Lesung lauschen, Diskussionen erleben oder einfach in einem Café sitzen und seine Hand halten und dann spazieren gehen kann. Wie lange wird das noch so gehen? Wie lange kann ich das noch aushalten?

Hannelore Orlowski

Damals

Du klopftest leise an mein Leben.
Ich musste antworten und stolperte
über Verletzungen, Mutlosigkeit und Bedrängnis
dem Impuls entgegen.
Heute weiß ich,
es waren die ersten Schritte ins neue Leben.

Konzert

Musik
Hüllt mich ein –
Durchdringt
Bewegt
Rüttelt auf
Verwandelt –
Musik schenkt Hoffnung
und Kraft

Elke Martina Hanitzsch

Karussell

oder manchmal kommt es knüppeldick im Leben.…

Da bleibt plötzlich kein Stein auf dem anderen, weil man im Chaos der Gedanken und Gefühle einfach steckenbleibt. Und mir ist, als würde der Boden unter mir versinken. Ich versuche, nicht so viel nachzudenken. Mache mein Ding, jeden Tag.

Gehe zur Arbeit…und bin mehrmals am Tag bei meinen Eltern. Denn Mutti erlebt die letzten Tage ihres Lebens. Durch das Morphium schläft sie viel, wird aber oft wach und ruft dann nach uns. Einer ist immer bei ihr, redet mit ihr, streichelt sie, hält ihre Hand, gibt ihr zu trinken. Dazwischen meine Gedanken: "Wie geht es meinem Sohn und seiner Freundin?" Täglich könnte es soweit sein und das Baby geboren werden. Es ist jetzt an der Zeit. Und wir wünschen uns alle so sehr, dass Mutti ihren Urenkel vielleicht noch sehen kann – bevor sie uns für immer verlässt. Ich glaube, allein dieser Wunsch hält sie noch am Leben. Freude, Trauer, Schmerz – ich erlebe nun täglich, wie nah das beieinander liegt. Zum Leben gehört das Sterben dazu. Wenn ein Mensch geht – wird oft ein neuer Mensch geboren. Zwischen Trauer und Schmerz des „Abschiednehmens" wagt sich zaghaft der Gedanke „Willkommen im Leben".

Auch wenn ich mir diese Achterbahn der Gefühle nie gewünscht habe, stecke ich doch jetzt mitten in ihr drin. Bin ich auch angeschnallt? Wie soll das enden? In der Achterbahn wird geschrien, gelacht, gekreischt- hoch und runter geht´s …jetzt in die Kurve ……. nun wieder steil herunter. Alles passiert in einem Karussell. Das ist das Leben – wir sitzen alle drin. Mal in der rasanten Achterbahn – mal in der ruhigen Luftschaukel. Es geht immer auf und ab …. Und es hält immer auch mal an – dieses Karussell. Zeit zum Innehalten, zum Denken, zum Resümieren.

Ich habe mir immer einen Partner an meiner Seite gewünscht, eine Beziehung, die für beide eine Bereicherung ist. Vor einigen Wochen habe ich einen Mann kennengelernt und weiß noch nicht, wie und ob es weitergehen wird. Warum gerade jetzt? Ich sitze doch in der Achterbahn.

Mitten im Gefühlschaos – jetzt auch noch die Liebe? Wie soll ich das bloß hinkriegen? Woher dafür die Zeit nehmen? Ich fühle mich überfordert – die Pflege der todkranken Mutter, meine Schichtarbeit, allein mit dem großen Haus, die Gedanken, bald das erste Enkelkind in den Armen zu halten …. Das alles macht mich unsicher – und nun soll vielleicht die Liebe kommen?

Ich sitze doch gerade im Karussell. Wenn es wieder anhalten wird – ob ich dann festen Boden unter mir spüren werde? Oder hält es an einer Untiefe und ich falle in ein Loch hinein? Und ich bete still: „Lass das Karussell anhalten, mich ohne Gefahr aussteigen und halte ein paar starke Arme für mich bereit."

Lutz Sehmisch

Blickrichtungen

Schaue zurück
wabernder Nebel
zieht durchs Dickicht
sehe angestrengt
im Dunst Gestalten
geduckt im Schutz
grauer Mauern

Schaue nach vorn
wabernder Nebel
zieht durchs Dickicht
sehe angestrengt
nicht, wohin mich
mein Weg führen wird

Elke Martina Hanitzsch

Erkenntnis (1986)

Am Anfang: Sehnsucht
Am Ende: Hoffnung
Dazwischen: Kirschblüten
Steck sie dir ins Haar!
Viele Fragen stehen zwischen uns.......
Tränen sind mehr als Wasser.
Nichts bleibt -
wie es war.

Erkenntnis (2020)

So viele Jahre
sind vergangen
das Leben hat mit mir gespielt
manchmal Verstecken
manchmal Fangen.
Die Liebe habe ich gefunden
und wieder verloren
doch in einem Meer von Kirschblüten
werde ich immer wieder neu geboren.

Bild: Elke Martina Hanitzsch

Lutz Sehmisch

Ausgeredet

Da waren sie wieder. Leichtfertig ausgesprochen. Die berühmten drei Worte, die in jeder Beziehung fallen.

„Wir müssen reden!", sagte Thomas.

Wie ich diese drei Worte hasse. Aus Erfahrung hasse.

Was soll das bedeuten: "Wir müssen reden!"?

Was kann herauskommen, wenn zwei reden? Im Duett, als Kanon oder wie? Reden im Plural hat noch nie gemeinsame Lösungen ermöglicht. Wir müssten uns zuhören. Wir müssten uns mehr respektieren. Reden kann nur einer.

Ich kann mit ihm reden. Er kann mit mir reden. Einander zuhören müssten wir und über die Worte des anderen nachdenken.

„Wir müssen reden!", das löste für mich bisher immer jedes Beziehungsproblem – nämlich gänzlich.

„Wir müssen reden!", das war die übliche Einleitung zu jeglicher Trennung.

„Dann rede!", sagte ich wütend.

Thomas blickte mich mit seinen großen grünen Augen an. Diese Augen! Die gleichen Augen, in die ich vor einiger Zeit eingetaucht war und ertrank.

„Ich will die Trennung!"

So schnell hatte bisher noch keiner ausgeredet.

Sigrid Lindenblatt

Abriss einer Liebe

Ich verliebe mich und werde geliebt.
Ich schließe den Bund für ein gemeinsames Leben mit dem Geliebten.
Zusammen schaffen wir ein gemeinsames Heim.
Eine glückliche Zeit, die immer zu währen scheint!
Ich wähne mich im siebenten Himmel.

Irgendwann fällt die rosarote Brille... Auf einmal ändert sich die Sichtweise zu dem Geliebten. Vieles erscheint auf einmal in einem anderen Licht. Gemeinsamkeiten nehmen ab – Streitigkeiten nehmen zu. Wie soll es weitergehen?
Da Reden nicht hilft, wird es keine gemeinsame Zukunft geben. Ich hatte mich vollkommen aufgegeben in dieser Liebe. Jeder hat nur ein Leben!
So muss ich erkennen, dass mir nur ein Weg bleibt...!

Lutz Sehmisch

Im Licht der Sonne
verlor ich Dich.
Aus dem Dunkel
kehrst Du zurück.
Das Gesicht geisterhaft
verzerrt zur Fratze.
Der Mund schreit
schreckliche Laute.
Weite Augenhöhlen
gähnen Leere.
Nichts ist mehr so,
wie es einmal war.

Sigrid Lindenblatt

Der zweite Versuch

Wie war ich aufgeregt und glücklich zugleich
Heute … vor sieben Jahren
Ich hatte das Gefühl, genau das Richtige zu tun.
Diesmal ist es nicht falsch.
Es fühlte sich alles so richtig an.
Alles hätte noch schief gehen können …
Mein Schatz musste ins Krankenhaus.
Zum Glück war es nicht so schlimm.
Er durfte für einige Tage nach Hause.
Unserer lange geplanten Hochzeit stand nun nichts mehr im Wege!
Wir versprachen uns Liebe und Vertrauen!
Aber was wurde daraus?
Ja, vielleicht liebt er mich auf seine Weise!
Das hatte ich aber alles schon einmal,
nur etwas anders.
Und wie war das mit dem Vertrauen?
Von mir verlangte er Vertrauen!
Aber sein Vertrauen schenkte er nicht mir,
sondern seinen Geschwistern!
Nun ist **er** allein
und
ich bin es auch!
Hat mich mein Gefühl getäuscht?
Hat es mich ein zweites Mal betrogen?
Nun bleibt mir nur noch ein bisschen
Hoffnung!

Birgit Walter

Vorsätze

Ich bin nicht der Typ Mensch, der sich jedes Jahr zu Silvester Vorsätze für das neue Jahr setzt, weil ich die ganz schlecht einhalten kann. Denn mit Vorsätzen würde ich ganz schnell an meine Grenzen stoßen, ich will mindestens 100 Prozent.

Dafür versuche ich jeden Tag positiv zu leben. Natürlich geht das nicht immer so. Und ich stoße schnell an meine Grenzen, wenn etwas nicht klappt. Wenn ein Tag nicht so läuft, wie ich es mir erhofft habe, dann denke ich meist, dass ich an jedem Missgeschick Schuld habe. Mein Verstand sagt mir, dass es nicht so ist, aber mein Herz sagt genau das Gegenteil. Mit diesem Gefühl im Herzen zu leben, fällt mir schwer.

Ich kann schlecht mit Kritik umgehen, mit positiver wie negativer. Gerade das habe ich in so vielen Therapien austesten können, aber umsetzen kann ich es immer noch nicht. Das kann doch eigentlich nicht so schwer sein. Doch! Für mich schon. Im Stillen denke ich, nimm dir das nicht so zu Herzen. Reagiere nicht immer auf jeden und alles. Aber wie soll ich das machen? Mir wurde „Gehorsam" eingepflanzt und daraus ist schon ein „Mammutbaum" geworden. Na, wenigstens kann ich jetzt schon mal ab und zu „Nein" sagen. Meist bereue ich es hinterher gleich wieder. Ständig dieser Zwiespalt, das macht mich kaputt.

Ich habe gute Freunde, mit denen ich viel Zeit verbringe. Ich gehe zur Schreibrunde, zum Chor, habe genügend Abwechslung und es macht mir Spaß.

Dennoch. Im Moment bin ich unzufrieden. Vor kurzem hatte ich eine Knieoperation am linken Knie. Es geht mir jetzt schon besser von den Schmerzen her, aber es dauert mir viel zu lange. Vor sieben Jahren hatte ich auch schon im rechten Knie ein neues Gelenk bekommen. Ich weiß, dass ich jeden Tag andere Schmerzen hatte und dass das Ganze ungefähr ein Dreivierteljahr gedauert hat, bis alles für mich akzeptabel war. Und jetzt werde ich schon ungeduldig 8 Wochen nach der Operation. Alles geht mir nicht schnell genug. Ich gehe jeden Tag spazieren und erhöhe meinen Radius immer ein bisschen. Die Physiotherapie hilft mir auch sehr.

Manche sagen, ich sollte mich etwas schonen, aber mir wurde auch gesagt, dass das Knie bewegt werden muss. Wo ist das richtige Maß? Ich habe den Vorsatz, jeden Tag ein bisschen mehr zu wollen.

Das ist dann doch ein Vorsatz. Aber wenn ich so gar keinen hätte, wäre ja auch nicht so toll. Dann würde ich ständig auf der Stelle treten und nicht vorankommen.

Helfersyndrom

Ich möchte immer allen Menschen helfen, bleibe dabei aber selbst oft auf der Strecke. Das regt mich ganz besonders auf, weil ich mich damit kaputt mache.

Wenn mir z.B. jemand erzählt, dass er gerade Schwierigkeiten mit dem PC hat, würde ich am liebsten gleich losdüsen, um ihm zu helfen, auch wenn es in der Nacht wäre.

Oder es ist jemand krank und liegt im Bett, dann würde ich am liebsten denjenigen rund um die Uhr versorgen und bemuttern, damit er oder sie wieder auf die Beine kommt. Das kann manchmal auch nach hinten los gehen und die Leute fühlen sich von mir bedrängt.

Ich fühle mich für alles und jeden verantwortlich, auch wenn es mich nicht betrifft. So geht es mir auch, wenn ich mal im Krankenhaus bin. Ich bin nicht krank, aber die anderen (wild fremde Menschen) sind es und ich muss ihnen helfen, obwohl ich doch mit mir selbst genug zu tun habe. Solch eine Fürsorge hätte ich mir als Kind selbst immer gewünscht.

Ich verstehe es nicht. Mir tun auch immer alle Menschen leid, egal, was sie haben. Und die Tiere tun mir auch leid, wenn sie mit Antibiotika vollgepumpt werden oder in Ställen hausen, die viel zu klein sind, usw. usw.

Andersrum möchte ich mir selbst selten helfen lassen, weil ich in meinem früheren Leben immer auf mich gestellt war und vieles allein hinbekommen musste. Es fällt mir schon schwer, zu meinem Mann zu sagen, dass er mir mal helfen soll. Ich weiß manchmal gar nicht, wie ich es formulieren soll. Ich habe es jetzt schon etwas gelernt, trotzdem überwiegt das Helfersyndrom sehr stark. Ehe ich jemanden frage, versuche ich es bis zur Verzweiflung selbst. Das kann doch so schwer nicht sein, das kriegst du hin.

Oft habe ich das Gefühl ein kleiner Spätzünder zu sein. Dabei unterschätze ich meine eigenen Grenzen.

Weist mich eine Freundin oder Freund auf das Helfersyndrom hin, werde ich immer ganz still und gehe in mich. Ich verstehe die meisten Leute nicht, weil ich immer denke: Ich will doch nur helfen. Dabei ignoriere ich die Frage, ob meine Hilfe überhaupt erwünscht ist.

Jochen Gutte

Ob ich allein schon deshalb jemand bin, sein darf, weil ich ICH zu mir sagen kann?

Maria Merten

Erlebnis eines Hundes

Was ist heute nur los, ein aufregender Tag.
Früh war ich mit Frauchen noch Gassi, danach gab sie mir wie immer mein Futter. Sie wollte die Betten beziehen und hatte in der Schlafstube alles aufgestellt. Doch plötzlich schnappte sie heftig nach Luft und fasste sich verkrampft an die linke Brusthälfte. Sie ging in die Stube und legte sich auf die Couch. Im Gesicht war sie kreidebleich. Ich stand bei ihr und hatte Angst.
Was ist nur los?
Plötzlich kam die nette Frau von nebenan.
Woher wusste sie, was passiert war? Ach ja, mein Frauchen hatte in das Handy geschrieben. Sollte sie kommen? Sie redeten miteinander und dann war sie wieder weg. Doch bald war sie wieder da.
Kurze Zeit später kamen drei Männer und hatten so komische Geräte dabei. Dann kamen noch zwei Männer. Sie sprachen miteinander, ich verstand sie nicht.
Ich wollte von meinem Frauchen nicht weg, störte aber nur. So nahm mich die nette Nachbarin und wollte mich in die andere Stube bringen. Ich wollte aber nicht und schnappte nach ihrer Hand. Bin doch aber nicht böse.
Doch sie brachte mich einfach in das andere Zimmer und schloss die Tür. Ich hatte Angst und darum wollte ich bei meinem Frauchen bleiben. Wollte doch sehen, was da los ist. Was passiert dort nur?
Erst später ging die Tür wieder auf und mein Frauchen war einfach nicht mehr da. Hatten die Männer sie mitgenommen und ins Krankenhaus gebracht?
Die nette Frau nahm mich mit in ihre Wohnung. Dort war ich schon oft und kannte mich dort aus. Sie macht mir immer einen schönen Schlafplatz zurecht.
Mein Herrchen ist auch schon ein paar Tage weg.
Ich gehe mit der netten Frau Gassi. Sie betreut mich gut und ich fühle mich nicht fremd bei ihr.
Aber wo ist nur mein liebes Frauchen? Ich vermisse sie so sehr.

Gisela Langer

Limericks

Hildegard aus Itzehoe
hatte einen Flitzefloh
das fand diese gar nicht gut,
denn er soff ihr ganzes Blut
Floh zerquetscht und Hilde froh

Eine Sau im Stalle
war sehr rund und pralle
der Bauer wollt´se schlachten
des Morgens früh um achten
sie ging ihm in die Falle

Ein fettes Huhn aus Mehren
das wollte sich beschweren
der Stall sei ihr zu mistig
der Knecht fand das sehr listig
nun kann man sie verzehren

Birgit Walter

Haarig

Jeden Morgen vor dem Spiegel stelle ich mir die Frage: Wer ist denn das dort mit den Stietzen in alle Himmelsrichtungen? Ich kenne dich nicht, wasche dich aber trotzdem. Dabei kam mir die Idee, mal etwas über Haare zu schreiben.

Haare gibt es am ganzen Körper. Manch einem stehen sie schon mal zu Berge, z.B. wenn man friert oder auch intensiv nachdenkt oder wenn man Angst hat. Andere haben Haare auf den Zähnen und man muss sich vorsehen, was man solchen Leuten sagt. Wieder andere haben am Kopf keine, aber dafür einen langen Bart und zeigen somit, dass sie nicht ganz haarlos sind. Bei älteren Menschen wachsen sie aus der Nase oder den Ohren, dafür geht aber meist der Geruchssinn verloren. Es gibt Leute, die halbe Haarkränze auf den Köpfen haben und wieder andere versuchen genau diese durch Haarteile oder über den Kopf gekämmte Haarsträhnen zu verdecken. Es gibt auch solche Häupter, die so zugewachsen sind, dass man schlecht erkennen kann, wo vorn oder hinten ist.

Von Natur aus können Haare wellig oder glatt sein. Man kann sie lang wachsen lassen, mittellang tragen oder kurz schneiden. Haare können aber auch borstig oder geschmeidig sein, fein oder auch fest wie Pferdehaare. Man kann sie toupieren, ondulieren, eindrehen, färben, hochstecken, zerwuseln, verfilzen u.v.m. Von Natur aus gibt es sie in den verschiedensten Tönen, mal blond, braun, brünette, schwarz, grau und irgendwann weiß.

Meine Haare sind meist störrisch, so wie ich? Auf alle Fälle habe ich immer mit meinen zu kämpfen, um eine halbwegs vernünftige Frisur hinzubekommen.

Durch Haarstyler oder aber auch Friseure genannt, können sie chemisch umgeformt werden bzw. neue Farben bekommen oder auch einen neuen Schnitt.

Zum Ärger der Frauen haben die Männer meist die besseren natürlichen Haarprachten, aber mit welchem Recht? Hinzu kommt, dass die Männer meist ihre Wellen und Locken verleugnen oder besser gesagt, meist ziemlich kurzhalten, damit die Pracht sich ja nicht vollständig entwickeln kann.

Die Frauen hätten diese Pracht aber gern, schließlich würden sie einiges an Geld sparen. Dann brauchten sie nicht ständig ihre Haare umzuformen. Aber wer ist schon mit seinen Haaren zufrieden?

Manches ist auch zum Haare raufen oder vieles ist auch an den Haaren herbeigezogen. Man könnte auch noch das Haar in der Suppe suchen. Aber dann wäre es wahrscheinlich Haarspalterei.

Birgit Walter

Friseurbesuch und Corona

Seit gestern durften die Friseure wieder ihre Pforten für ihre Kundschaft, natürlich mit hohen staatlichen Auflagen, öffnen. Ich war nach 10 Wochen ohne Haarschnitt ganz schön "zugewachsen". Im Vorfeld organisierte ich mir schon mal einen Termin bei meiner Friseuse. Sie sagte mir: "Bitte nur mit Maske und zwei Handtüchern." Na gut, das mit den Handtüchern ist ja nicht so schlimm. Früher, zu "Ostzeiten" bin ich auch des Öfteren mit meinen Handtüchern zum Friseur gegangen und es hat mich nicht gestört. Aber jetzt mit der Maske ... das war schon eine Herausforderung.

Also machte ich mich heute Morgen auf zum Friseur. Ich habe nur 5 Minuten zu gehen und dann bin ich auch schon da. Stehe noch vor verschlossener Tür. Draußen lese ich mir die Anweisungen durch, was ich als Kunde zu beachten habe. U.a. stand dort, dass ich den Salon nur mit Maske betreten darf. Ich hatte diese Maske schon in der Hand und wollte sie gerade aufsetzen, da wurde mir die Tür geöffnet. Ich wurde gleich erstmal drauf hingewiesen, dass ich mit Maske schon reinkommen muss, ja soweit war ich ja noch nicht. Gleichzeitig wurde ich eingewiesen. Ich habe mir dann gleich die Hände desinfiziert. Dann musste ich mir ein Holzgestell nehmen. Dieses Holzgestell sah aus, wie früher eine Steinschleuder, nur hatte es einen längeren Griff. Da musste ich meine

Maske drauf basteln, d.h., die Gummis von der Maske wurden an diesem Gestell befestigt. Nun frage ich mich natürlich, wenn ich schon mit Maske reinkommen soll und sie nochmal abnehmen muss, um sie auf das Gestell zu bringen, wie soll ich dann schon mit Maske und dem Gestell reinkommen? Zwischenzeitlich wurde ich nach hinten gerufen. Der Salon sah ganz anders aus. An der Kasse und zwischen den Plätzen waren Plexiglaswände aufgestellt. Wartefläche gibt es nicht mehr. Diese wurde mit Sperrband verbarrikadiert.

Ich war die einzige Kundin zu diesem Zeitpunkt. Zum Glück wurden meine Haare mit dem Kopf nach hinten gewaschen. Ich hatte ganz schön zu tun, um die Maske mit diesem Gestell und gleichzeitig noch meine mitgebrachten Handtücher festzuhalten. Na gut, das Haarewaschen war erledigt. Jetzt kam noch der Schnitt. Mir wurde gesagt, dass ich schön grade sitzen muss und den Griff des Gestelles mittig auf meinen Körper halten soll. Somit hatte ich zwar die Maske vor dem Gesicht, aber die Ohren waren dann frei und die Friseuse konnte mich schneiden. Zum Glück hatte ich mir gestern die Haare noch selbst gefärbt. Das machen sie jetzt beim Friseur im Moment gar nicht. Außerdem ist es mir auch viel zu teuer. Ich kaufe mir halt die Farbe bei Rossmann und spare so auch noch Geld. Dann wurde ich geföhnt und sah schon halbwegs wieder wie ein normaler Mensch aus. Leider darf die Friseuse meine Augenbrauen im Moment nicht zupfen. Damit muss ich allein klarkommen. Jetzt habe ich aber ein Problem. Ich bin Brillenträgerin und muss meine Brille absetzen, wenn ich meine Augenbrauen bearbeiten will. Dann sehe ich aber nichts mehr, also wie soll ich das machen? Ich habe mir dann bei Rossmann einen Augenbrauenrasierer gekauft und versuche es damit. Ob es mir gelingt ... wir werden sehen.

Gisela Langer

Corona

In meinem Kopf hat sich das Wort Corona richtig eingebrannt. Meine Gedanken schwirren umher, wie die Motten um das Licht.

Ich frage mich oft, was ist, wenn einer das Virus freigesetzt hat? Vielleicht wollte er nur sehen, wie die Menschen darauf reagieren. Die Folgen konnte er nicht vorhersehen.

Er sieht erst jetzt, dass die Welt weint.

Sie weint um alle Opfer, die gegangen sind und noch gehen werden. Ungewollt, denn viele hatten das Leben noch vor sich.

Wir müssen zurzeit viele Entbehrungen hinnehmen. Kontaktsperre zu unseren Lieben, Abstand zu der Umwelt halten usw.

Das alles gerade jetzt zur Osterzeit und wo der erwachende Frühling mit seinem sonnigen Wetter einlädt sich in der Natur zu treffen.

Trotz aller Trauer, Entbehrungen und Schwierigkeiten, die auf uns zukommen, hält die Welt zusammen.

Hilfe wird jetzt großgeschrieben. Denn die Hoffnung stirbt zuletzt.

Sicher, eines Tages wird die Welt aufhören zu weinen und wieder lachen können.

Ich hoffe nur, dass die Menschen etwas daraus gelernt haben.

Vor allem das Jahr 2020 nie wieder vergessen. Hilfsbereitschaft und Zusammenhalt sollte als ein Erbe dieser Zeit bestehen bleiben.

Sigrid Lindenblatt

Überall dabei

Ich kam im Bett meiner Mutter auf die Welt. Die Hebamme brauchte nur noch die Nabelschnur durchtrennen.

Der Kindergarten war nicht so meins.

Kurz vor der Einschulung wurde der Besuch des Kindergartens auch für mich Pflicht.

In der Schule war ich sehr wissbegierig.

In den Hort brauchte ich nicht gehen, da meine Mutti zu Hause war.

Die Ferien liebte ich, sie waren für mich der Höhepunkt während der Schulzeit. Endlich zu Hause sein können und ausschlafen.

Den ganzen Tag ohne Lehrer verbringen, das genoss ich in vollen Zügen.

Die Ferienspiele konnten mir gestohlen bleiben.

Ich mochte es schon als Kind, frei zu sein.

Ferienlager wiederum war trotzdem toll, mal ohne die Eltern … Heimweh kannte ich nicht.

Auch meine Lehrzeit war prima.

Das erste Mal im Internat und mit anderen Mädchen in einem Zimmer. Das war eine Herausforderung, die ich hinbekam.

Die Unterrichtswochen kamen mir so vor, als würde ich in einer Woche mehr lernen, als in den zehn vergangenen Schuljahren. Es war eben kompaktes Wissen für meinen künftigen Beruf.

Interessant fand ich die Wochen in der Praxis in meinem Ausbildungsbetrieb. Ich fühlte mich wohl in der Erwachsenenwelt und zu den Berufstätigen zu gehören. Daher entschied ich mich dann auch für ein Fernstudium. Ich wollte nicht weg von meiner Arbeit und ich kannte ja auch die Bewertungen der Direktstudenten, die den langjährigen Beschäftigten dann vor die Nase gesetzt wurden.

Als ich dann mit 25 Jahren meinen Mann kennen lernte, ihn heiratete und im selben Jahr auch noch unsere Tochter geboren wurde, konnte und wollte das kaum einer glauben.

Nach zehn Jahren befreite ich mich aus der Ehe mit dem Vater meiner Tochter.

Es folgten einige schwere Monate, da wir noch die Wohnung gemeinsam nutzen mussten.

Danach kamen sieben glückliche Jahre, die ich allein mit meiner Tochter verbrachte.

Ich fühlte mich so frei wie ein junges Mädchen.

Endlich konnte ich mich ohne Streitereien mit meinem Mann wieder engagieren, wie z.B. als Elternaktivmitglied oder in der Betriebsgruppe des DRK.

Als die Wende kam, war ich noch häufiger unterwegs. Das Leben war auf einmal viel interessanter geworden und ich wollte und musste einfach dabei sein.

Dann lernte ich meinen zweiten Mann kennen. Der wollte nicht in einer Neubauwohnung leben und so entschieden wir, ein Haus zu bauen.   Als alles in Sack und Tüten war, wurde meine Arbeitsstelle nach Halle verlegt. Damit begann mein siebenjähriges Pendlerdasein.

Warum auch immer, baute ich mit meinem zweiten Mann auch noch ein zweites Haus. So pendelten wir erst von Burg, dann von Wolmirstedt auch noch nach Syrau.

In der Zwischenzeit hatten sich meine Ehrenämter und ähnliche Verpflichtungen weit über eine Anzahl von zehn angehäuft. Einige konnte bzw. musste ich dann leider aufgeben.

Es waren einfach zu viele.

Auch auf der Arbeit bekam ich Schwierigkeiten, wurde sogar gemobbt. Letztendlich entschied ich mich für eine stationäre Therapie.

Danach wurde mir so einiges bewusst und ich baute noch mehr Ehrenämter ab. Wir trennten uns dann auch von dem Haus in Wolmirstedt. Mein Rucksack wurde leichter und das tat mir gut, aber es tat auch weh.

Die Diagnose Alzheimer Demenz bei meinem Mann stellte mein Leben völlig auf den Kopf.

Was nun passierte, gleicht einem Horrorfilm.

Die Geschwister meines Mannes vereinnahmten ihn für sich. Er war die Woche über allein in Syrau und ich musste in Halle arbeiten.

Sie brachten meinen Mann dazu, das Haus zu verkaufen und besorgten ihm in Waren, wo die Schwester wohnt, eine Wohnung.

Ich musste meine Siebensachen holen und mich in meiner damaligen Nebenwohnung, die 37 Quadratmeter hatte, einrichten.

Auf Grund meiner Arbeit und einiger neuer Aktivitäten, die ich nach meiner Therapie aufnahm, konnte ich mich ablenken.

Besonders intensiv wurde dann das Jahr 2013, das Brigitte-Reimann-Jahr.

Da ich nun schon in Rente war, war es mir möglich, alle Termine, die anfielen, wahr zu nehmen.

Wenn ich mit meiner Freundin meine Mutti im Pflegeheim besuchte und wir ihr von unseren vielen Terminen erzählte, sagte sie immer, Mädchen bleibt doch zu Hause, da ist es doch am schönsten.

Damals konnte ich das nicht verstehen. Als sie dann Ende 2014 im Alter von 99 Jahren verstarb, änderte sich langsam meine Einstellung und mir fiel es nicht mehr so leicht, von zu Hause los zu gehen. Am liebsten wäre ich zu Hause in meiner gewohnten Umgebung geblieben, um mir den Tag nach meinen Vorstellungen einzurichten.

Dann habe ich auch überwiegend Termine in Halle wahrgenommen und bin nicht mehr so oft nach Burg und Jerichow zu den Schreibrunden gefahren. Obwohl mir etwas gefehlt hat, tat es mir aber gut, etwas mehr Ruhe zu haben. Mir wurde auch bewusst, dass ich nicht überall dabei sein muss.

Bild: Marion Krüger

Hannelore Orlowski

Susanne in der Stadt

Susanne, die wieder einmal ihre Ferien bei Verwandten in der Stadt verbringt, steht vor ihrer Tante und sprudelt freudestrahlend ihr gerade erlebtes Abenteuer heraus. „Tante, Tante, auf der Straße gibt es ein Auto, das Regen machen kann." Susanne will weitererzählen, aber sie merkt plötzlich, wie die Tante sie voller Entsetzen anschaut. Vor der Tante steht nämlich ein Mädchen, triefend, in den Händen die Schuhe, nur noch einen Strumpf und hinter ihr eine Spur von nackten nassen Füßen. Wo war die Schleife im Haar, wo war das adrette Mädchen, das sie vor einer Viertelstunde nach draußen gehen ließ? Als sie sich einigermaßen gefangen hat, will sie nun doch von Susanne wissen, was passiert ist. Susanne spürt die Verärgerung der Tante, ist sich aber keiner Schuld bewusst und erzählt nun, immer noch begeistert, doch etwas kleinlauter von ihrem Erlebnis: Als sie draußen auf dem Gehweg stand und neugierig umherguckte, entdeckte sie plötzlich ein Auto, das ganz langsam an der Bordsteinkante fuhr und Regen versprühte. Wasser ist Susannes Element. Ohne weiter zu überlegen, zog sie rasch Schuhe und Strümpfe aus und marschierte voller Freude vor dem Regenauto. Der nette Autofahrer unterhielt sich lachend mit ihr und ließ seine Regenschauer in unterschiedlicher Strahlenstärke auf das Kind nieder. Susanne war begeistert und drückte ihre Begeisterung durch Juchzen und Quieken aus. Zu Hause war sie auch oft bei Regen draußen und plantschte in den Pfützen. Aber hier war Sonnenschein und ein Auto versprühte Regen, nein, das hatte sie noch nicht erlebt!

In ihrem Dorf gibt es schließlich keine Straßenreinigungsfahrzeuge. Da müssen die Leute die Straße vor ihren Häusern mit Besen und Schippe selbst reinigen, denkt die Tante beim Zuhören. Als Susanne mit ihrer Geschichte fertig ist, geht sie schmunzelnd zu ihr und drückt sie kurz trotz der nassen Kleidung. Nachdem sich Susanne umgezogen hat, erklärt die Tante ihr bei einer Tasse Kakao, was es mit dem Regenauto auf sich hat. Beide müssen lachen.

Hannelore Orlowski

Impressionen einer Stadt

Regen prasselt dicke Blasen schlagend auf Dächer und buckliges Straßenpflaster. In den Regenrohren spielt das Wasser seine klickernde Melodie. Die Sonne bricht aus blauen Löchern. Ihre Strahlen dampfen die Nässe von den Kopfsteinen, verwandeln Scheiben in funkelnde Spiegel und zaubern goldenen Glanz auf Mauern aus rotem Backstein. Gleißende Luft zieht modrigen Geruch aus gebeugten Häusern. Still legt sich die Stadt um die kleinen Straßen und ihren Besucher. Sie nimmt ihn in den Arm und zieht ihn hin zu den einzigartigen Häusern, die wie Gesichter voller Leben und Charakter sind. Mal jung und strahlend, mal verschmitzt oder ironisch, mitunter vom Leben gezeichnet und trotzdem schön. Diese steingewordene Schönheit ist es, die den Augen immer neue Bilder schenkt. Sogar das Unscheinbare birgt Geheimnisse, die es zu entdecken gilt. Hinter den Fassaden wartet die Geschichte. Man muss sich hineinwagen in offene Türen und findet das Leben gebündelt wie unter einem Brennglas.

Foto: Lutz Sehmisch

86

Gisela Langer

Mein erster Versuch

Am Montag, den 13. Juli hatten wir uns mit Heike verabredet. Vorher wurde telefonisch vereinbart, wenn sie kommt, dass wir abends die Burger Schreibrunde besuchen. Wir waren vor 8 Wochen schon einmal dort und sind enttäuscht gewesen. Es war laut und sehr unruhig, anders als wir es aus Jerichow gewöhnt waren. Eigentlich wollten wir nicht wieder hingehen.

Heike kam, wie vereinbart um 15 Uhr. Sie brachte den Kuchen mit. Marion deckte den Tisch und ich kochte den Kaffee. Das letzte Mal, als Heike hier war, gab es Marions berühmten „Blümchenkaffee". Wir haben so darüber gelacht. Marion sagte: „Ist doch gut, so bekommst du wenigstens kein Herzflattern und kannst ein paar Tassen mehr trinken." Auch ich hatte die Rechnung ohne den Wirt gemacht. Mein Kaffee war stärker, aber nicht stark genug. Heike sagte nur: „Geht so! Ist schon gut!"

Uns dreien ging es richtig gut. Wir ließen es uns schmecken. Wir erzählten über Familie, Kinder, Workshop und schauten uns am PC Bilder an. Die Zeit verging viel zu schnell. 17 Uhr 30 fuhren wir zur Schreibrunde. Die Tische waren wie immer schön gedeckt. Birgit und Helmut hatten Geburtstag und brachten Konfekt und Sekt mit. Steffi eröffnete um 18 Uhr die Runde und fragte, wer etwas zu lesen mithat.

Inge begann als erste zu lesen. Ihre Geschichte handelte von einem Bach, der immer größer werden wollte. Am Ende der Geschichte war er der Stille Ozean. Wir drei waren überrascht, wie ruhig es war. Das ganze Gegenteil vom letzten Mal. Diese Ruhe und Stille war bei jedem, der vorlas. Das war sehr angenehm.

Das nächste Mal gehen wir wieder hin, das war beschlossen. Vorher werden wir uns wieder zu einem gemütlichen Kaffeeklatsch treffen.

Jochen Gutte

Über mein Schreiben... — Während andere sich an Sinfonien versuchen, finde ich Freude am Herumklimpern.

Gisela Langer

Meine Ängste

Meine Mutti hat immer gesagt, dass jedem sein Schicksal bestimmt ist.
Das glaube ich auch.
Ängste kenne ich schon aus früheren Jahren.
Ein Beispiel, meine Töchter fuhren an den Wochenenden mit dem Bus nach Hohenwarthe zur Disco.
Es kam auch mal vor, dass sie den Bus nachts verpassten.
Sie waren dann nicht zum verabredeten Zeitpunkt zu Hause.
In diesen Nächten habe ich sehr unruhig geschlafen, bis sich der Schlüssel endlich im Schloss drehte.
Bis heute habe ich diese Angst nicht ablegen können.
Verreisen sie heute, möchte ich immer wissen, ob sie gut angekommen sind.
Das beruhigt mich dann sehr.
Diese Angst betrifft nicht nur meine Kinder, sondern auch Marion.
Meine Kinder und Marion haben einen ganz besonderen Platz in meinem Herzen und ich liebe sie sehr.

Maria Merten

Mein Telefongespräch

In unregelmäßigen Abständen telefoniere ich mit meiner Cousine.
Sie wohnt an der Ostsee, in Barth.
Nun war ich mal wieder dran. Ich erkundigte mich, wie es ihr geht.

Mein Cousin starb vor einem Jahr und sie kann sich noch nicht damit abfinden, ohne ihn zu sein. Die Kinder haben doch selbst ihre Sorgen. Tochter und Schwiegersohn wohnen in Barth, aber die Enkel nicht.
Sie wohnen oder lernen in anderen Orten.
Sie ist auch umgezogen und hat nun eine schöne Neubauwohnung mit Fernheizung. So braucht sie nicht mehr zum Heizen die Kohlen schleppen.

Corona war mal wieder das Thema Nummer 1. Es betrifft uns alle.
Sie ärgerte sich über die Unvernunft einiger Leute im Allgemeinen und einiger Kunden beim Einkauf.
Sie meinte dann auch, dass jeder nur an sich denkt. Jeder will mehr haben als der andere. Die Hamsterkäufe gibt es doch überall.

Um sie auf andere Gedanken zu bringen, lenkte ich sie mit Erinnerungen an alte Zeiten ab. Auch das waren nicht immer schöne Erlebnisse. Doch heute lachen wir darüber.
Wir wollten uns auch öfter mal gegenseitig besuchen. Doch die Zeit war wie so oft nicht immer passend. In diesem Jahr müssen wir erst noch abwarten, ob es uns die Lockerungen der Kontaktsperren erlauben.

Ja, wie heißt es doch, man soll die Feste zeitnah feiern und nicht immer verschieben.
Ich wünsche mir, dass alle diese Corona-Zeit unbeschadet überstehen.
Wie viele Menschen werden dann anders denken als vor der Krise, nicht nur nach Reichtum und Macht suchen?

Gisela Langer

Wenn der Vorhang fällt

Liebe Diana,
ich gestehe, in den letzten drei Jahren habe ich sehr wenig geschrieben.
War eben ein guter Zuhörer.
Marion hingegen, war eine fleißige Schreiberin und immer an erster Front beim Besprechen der Texte.
Zum Abschied, liebe Diana, möchte ich Dir von uns ein paar Zeilen schreiben.
So werden wir vielleicht nicht ganz vergessen.
Wenn Du mein Foto auf der Collage siehst, wirst Du sagen, das war Gisi, die stille Zuhörerin. Bei Marions Foto, ach ja, die fleißige Schreiberin.
Bei dem Gedanken an Dich werden wir immer sagen, dass es drei tolle Jahre waren.
Wir vermissen Dich jetzt schon und vielleicht vermisst auch Du uns ein wenig.
Heute fällt nun Dein Vorhang in unserer Schreibrunde und wir müssen voneinander Abschied nehmen.
Ein Abschied fällt immer schwer.
Für die Zukunft wünschen wir Dir und Deiner Familie alles, alles Gute.
Vor allem, dass Du Dich in der Fremde gut einlebst und ab und zu, wenn es die Zeit erlaubt, zurückdenkst an die Jerichower Schreibrunde.

Viel Glück auf Deinem neuen Weg wünschen Marion und Gisi

Jerichow, im Januar 2016

Heike Lüdeke

Zwei Tafeln Schokolade - Protokoll einer Therapie

30.Januar 2006 – Tag 1

Heute Ankunft in Jerichow Haus 5. Der erste Eindruck? Die erste Schwester? Schwer zu sagen, irgendwie unnahbar. Viele Fragen und zu wenig Antworten. Sie hat mich gefragt, warum ich hier bin. Weil es sein muss, weil ich wieder etwas fühlen möchte. Nicht nur Wut und Hass mir gegenüber. Ich wusste, dass diese Fragen kommen würden, habe lange überlegt, aber keine konkreten Antworten darauf.

Der Rest des Vormittages war grauenvoll. Aber nach den ersten Kontakten im Raucherraum, war ich etwas lockerer. Trotzdem weiß ich noch nicht, worauf ich mich hier einlasse. Das Radio geht mir auf den Keks. Mal sehen, was morgen auf mich zukommt. Ach ja, ich teile mir das Bad mit einem Mann. Muss ich Angst vor der Nacht haben?

01.Februar 2006 – Tag 3

Hilfe, ich will nach Hause. Nach der Gruppe fühle ich mich wieder schuldig. Wofür? Es ist doch immer so, dass ich erst glaube, es läuft, es war gut, wie ich es gemacht habe und dann war es doch falsch. Und dieser Eindruck, dieses Gefühl wird immer extremer.

22.20 Uhr, der Tag ist vorbei. Habe mich wieder selbst verletzt. Ich muss doch blöd sein! Mein Arm tut etwas weh, und das jetzt fast 12 Stunden später. Dieses blöde schlechte Gewissen ist fast übermächtig. Ich war nicht schuldig, dass haben mir die anderen auch gesagt, warum fühle ich mich dann doch schuldig?

Eine Mitpatientin hat mich heute Abend zum Kaffee eingeladen. Ich habe wieder kein Ende beim Quatschen über mich gefunden. Ist sie wirklich so nett oder wollte sich mich nur aushorchen? Sie hat mir gesagt, dass sich einige aus meiner Gruppe Sorgen um mich machen. Das muss man sich mal auf der Zunge zergehen lassen, wildfremde Menschen machen sich Sorgen um mich, das kenne ich nicht. Habe ich es überhaupt verdient?

02. Februar 2006 – Tag 4

Ich warte auf die Visite. Die macht heute Doc Müller. Hoffentlich stellt er keine komischen Fragen. Ich weiß nicht, stehe ich auf, wenn er reinkommt, reiche ich ihm oder er mir die Hand? Stehe ich während der Visite? Mein Gott, um so etwas brauche ich mir doch keine Gedanken machen. In meinem Horoskop steht, ich brauche keine Angst zu haben. Mein Gegenüber kocht auch nur mit Wasser.

Blut

Blut ist Leben Liebe und Hass
Ist süßlich, warm und klebrig.

Blut gibt Leben
Und tötet.

Blut fließt in mir.
Ich fließe im Blut
Schäume, koche erstarre.

Ich bin Blut.
Fließe, zerfließe
Es gibt kein wohin

06. Februar 2006 – Tag 8

Oh, bin ich sauer, wütend und aggressiv. Meine Mutter ist sauer auf mich. Ich soll sie öfter anrufen und an sie denken. Das macht mich aggressiv. Ich will sie nicht öfter anrufen. Ich bin schon unter Druck und Spannung, wenn ich nur daran denke, dass sie mich anrufen könnte. Kann sie mich nicht in Ruhe lassen?

Ich will nicht mehr ihre Tochter sein. Ich wäre lieber tot als ihre Tochter. Das muss ich immer wieder denken. Andererseits weiß ich nicht, wie es wäre, wenn meine Mutter tot wäre. Vielleicht ginge es mir dann besser, oder auch nicht. Ich war immer für sie da, wollte immer eine gute Tochter sein. Das bin ich nie geworden. Was soll`s, die

Erfahrung ein Ziel zu haben und es durch Selbstaufopferung doch nicht zu erreichen, ist grauenvoll.

Meine Mutter redet mir immer ein schlechtes Gewissen ein. Das macht sie gerne. Klar mach ich mir auch einen Kopf um sie, dabei wollte sie mich nicht. Und jetzt will ich sie nicht mehr. Ich will sie nicht. Trotzdem muss ich für sie da sein, mein Vater wollte es so. Man erwartet es von mir.

09. Februar 2006 – Tag 11

Warum tue ich mir diese Therapie an?
Was haben mir die Therapien bis jetzt gebracht? Jede Therapie war für mich ein verlorener Sieg.

Es ist schwer zu sehen, den anderen geht es schlecht. Geht es mir nicht gut? Ich habe einen Mann, zwei Kinder und zwei Enkelkinder und trotzdem weiß ich nicht, was diese Therapie für ein Ziel haben soll. Ich wollte diese Therapie, um mit den Selbstverletzungen aufzuhören. Aber sie sind schlimmer geworden. Jede Therapie ist schwer, das ist mir klar, aber ich bin mir nicht darüber im Klaren, ob sie überhaupt einen Sinn macht.

Für meine Jungs?   Die gehen ihren eigenen Weg.
Für meinen Mann?   Der hätte es leichter ohne mich.
Für meine Mutter?   Nein!
Wenn ich jetzt hier abbreche traue ich mich auch nicht mehr zur Leserunde. Das wäre das einzig negative, daran. Es kotzt mich alles einfach nur an.

14. Februar 2006 – Valentinstag (Tag 15)

Es ist schon eigenartig, die Therapie fängt an, Spuren zu hinterlassen. Die Gruppe war heftig. Eigentlich wollte ich etwas sagen, aber eine andere war schneller. Vielleicht wollte ich auch nicht richtig. Obwohl, ich glaube mit dem Thema, meine Mutter, hätte ich die Gruppe überfordert. So bin ich eben, von mir ablenken, damit ich nicht über mich nachdenken muss. Aber ich habe ja über mich nachgedacht und tue es ständig. Und das Thema der Maltherapie, ein Familienbild? Das hat mich echt runtergezogen. Ich hätte gerne eine heile Familie und was habe ich? Ich habe meine Familie kaputt gemacht.

15 Februar .2006 – Tag 16

Heute hat Jannik seinen 2. Geburtstag. Der ist so süß und doch habe ich keinen richtigen Bezug zu ihm. Wenn ich sehe, wie liebevoll André mit ihm umgeht, wird mein Herz warm. Irgendwie ist es eigenartig. André wollte auch kein Kind mehr und jetzt ist Jannik sein Ein und Alles.

War es mit meinen Eltern nicht dasselbe? Vielleicht haben sie sich doch über mich gefreut? Vielleicht will ich es auch nur so auslegen, wie ich es brauche. Zurzeit ist es so, dass ich nur einem Schuldigen für mein beschissenes Leben suche.

Meine Oma wollte auch immer ein Mädchen haben, so wie ich. Sie hatte 2 Jungs, bei denen der Altersdurchschnitt so wie bei meinen Jungs war. Ihr ältester Sohn ist im Krieg gefallen und dass hat sie innerlich zerstört. Geht es nicht jeder Mutter so, dass sie im innersten mit ihrem Kind stirbt?

Bin ich nicht auch schon gestorben, mit der Fehlgeburt und der Unterbrechung, die sein musste? Und sterbe ich nicht mit jedem Abschied, mit jeder Entfernung zu meinen Söhnen?

Ich habe Druck, Spannung, ich möchte fliehen, möchte mich verkriechen und doch schreien - ich bin hier, seht mich, fühlt mich, sprecht mit mir! Jede Nicht-Wahrnehmung ist wie ein Stich in mein Herz.
Wo ist die Stelle, der Anfang der Zerstörung?
Ist es die gefühlte Einsamkeit?
Ist es die Leistungs- und Anerkennungs-Abhängigkeit?
Ist es die Bevorzugung meines Bruders, auch nach seinem Selbstmord?
Ist es der Missbrauch, als Kind?
Ist es, weil ich immer um Nähe gebettelt habe und doch nicht bekommen habe?

16. Februar 2006 – Tag 17

Versuche ich nicht ständig mich von meinen Problemen abzulenken? Was ist mit mir los? Die Diätberaterin hat heute in meinem Urschleim gewühlt. Sie hat gefragt, ob ich weiß, wo meine Knackstelle ist. Klar weiß ich das! Oder doch nicht? Will ich es überhaupt wissen? Es gibt so vieles. Sind nicht meine Fressattacken eine Art Selbstverletzung? Ist das nicht auch eine Sucht? Wäre es nicht einfacher ein Alkohol- oder Drogenproblem zu bekämpfen?

Seit Tagen gehen mir die Klingen nicht mehr aus dem Kopf. Ein Mitpatient bezeichnete meine Arme als Aschenbecher. Ich war empört. Aber irgendwie hat er Recht. Ich verstehe ja andere Borderliner auch nicht, warum sie es tun. Außenstehende verstehen es erst recht nicht.

20. Februar 2006 – Tag 21

Seit der Visite am Donnerstag ging es mir sehr schlecht. Trotzdem habe ich mich nicht wieder selbst verletzt. Ich habe nicht mal die alten Wunden aufgekratzt. Der Doc sagt aber, er drängt mich noch mehr in die Ecke.

Wohin

Stück für Stück
Immer mehr zurück!
Gestoßen, gedrängt
Aus der Welt gedrückt!
Zurück?
In die Welt?
Oder hab ich die Welt
Auf den Kopf gestellt?

Er will wissen, was nun mit meiner Diät ist. Wie soll ich mich zu einer Diät motivieren, wenn mich hier die Waage nicht wiegt? Ich habe natürlich überlegt, wann und warum ich esse. Weil ich einsam bin, aber einsam bin ich auch, wenn andere bei mir sind. Wenn ich mich geärgert habe, ist die Schokolade da und widerspricht nicht.

Und wenn ich erst Mal angefangen habe, kann ich nicht mehr aufhören. Essen ist auch eine Selbstverletzung.

22. Februar 2006 – Tag 23

Gestern war Leserunde. Obwohl ich vom Doc Order hatte hin zu gehen, habe ich mich darauf gefreut, meine Leserundefamilie wieder zu sehen. Und ich soll zur nächsten Leserunde zwei Geschichten schreiben. Einmal über die Frau, die plötzlich gesund war und etwas über den Missbrauch.

23. Februar 2006 – Tag 24

Seit gestern Abend taucht immer wieder die Frage auf, warum tue ich mir diese Therapie an. Warum mache ich das nur? Es ist immer dasselbe. Keiner steht mir bei, die Einsamkeit erdrückt mich. Gestern Abend hätte ich mich beinahe wieder selbst verletzt.

Wenn ich naiv wäre und dumm, wäre es bestimmt anders. Gestern waren wir zum Krankenhaus-Fasching. Die geistig Behinderten fühlen sich wohl. Sie leben in ihrer eigenen kleinen Welt. Wäre es doch nur möglich, mir auch so eine kleine Welt schaffen zu können. Ich kämpfe immer wieder um ein bisschen Nähe. Warum bekomme ich sie nicht? Warum drehen mir andere die Worte im Mund um? Und verletzen mich damit. Ich bin doch nicht dumm und weiß eigentlich, was ich zu tun und zu lassen habe. Warum kann ich es nicht umsetzen?

> Ich habe geweint
> alle sahen Lachtränen in meinen Augen.
> Ich habe geschwiegen
> alle glaubten, ich hätte nichts zu sagen,
> während es in mir schrie.
> Ich habe geliebt,
> doch du konntest es nicht wissen,
> weil ich Belangloses erzählte,
> während in mir die Wellen der Liebe
> an den Klippen meiner Angst zerbrachen.

24.Februar 2006 – Tag 25

Wenn ich doch nur jemanden hätte, der mich versteht, der mir die Nähe gibt, die ich brauche oder die ich mir wünsche.

Hier macht jeder jeden fertig, weil es einfacher ist, zu den anderen zu sehen als zu sich selbst. Der Druck und die Spannung sind kaum auszuhalten.

Ich hatte mich entschieden, wenn ich diese Therapie mache, muss ich auch dahinterstehen. Das kann ich nicht mehr. Hier fresse ich immer mehr in mich rein. Ich schlucke zu viel und lasse mich in die Ecke drücken.

Ich wollte schon im vergangenen Jahr nicht zur Reha Kur fahren. Ich hatte Angst, dass mein Urschleim aufgewühlt wird. Und jetzt wühlt man seit über einem Jahr in meinem inneren Dreck und ich komme nicht weiter. Ich ziehe mich immer mehr zurück. Vielleicht wäre es anders, wenn ich jemanden hätte, mit dem ich reden könnte, ohne an Konsequenzen denken zu müssen. Ich muss hier weg.

27. Februar 2006 – Tag 28

Der Druck und die Spannung sind kaum auszuhalten. Ich will nicht reden. Nicht mit J. und erst recht nicht mit dem Pfleger, den ich nicht kenne. Ich habe das Gefühl, geduldet zu werden. Nur geduldet, nicht wahrgenommen, nicht anerkannt oder geliebt. Keiner schenkt mir Aufmerksamkeit. Ich wechsele zwar mit anderen auch mal ein Wort, aber es würde nicht auffallen, wenn ich nicht da wäre. Wäre ich doch nur nicht da, dann wäre es besser für mich.

Wofür lass ich mir hier in meiner Seele bohren? Rene geht mir aus dem Weg. Oder stößt er mich weg? Meinem Mann bin ich auch zu viel, weil ich so unmöglich bin. Ich habe Angst mich selbst zu verletzen und dann auf der geschlossenen Station zu landen. Warum fühle ich mich immer so weggeschoben?

Schon als Kindergartenkind hatte ich keine richtige Freundin. Nur Elke, mit ihr war ich oft zusammen. An den Sommerwochenenden fuhren unsere Familien zusammen zelten. Als Elke in die Schule kam, hatte sie eine andere Freundin, mit der sie ständig zusammenhing. Ich war nur der Notnagel, wenn kein anderer für sie da war. Vielleicht hat dieses Gefühl überflüssig zu sein, dort angefangen. In meiner Schulzeit war ich ein Einzelgänger. Keiner wollte was mit mir zu tun haben, ich musste immer um Nähe kämpfen. In der Schule und beim Sport musste ich immer super sein, das verlangte mein Vater, er war ja Lehrer und mein Trainer. Und die Beste war ich nie. Ich hatte nicht genug Logik und Kraft, um immer die Beste zu sein. Aber für meinen Vater zählte ich nur, wenn ich die Beste war.

01 März 2006 – Tag 30

Mir geht es heute auch nicht besser. Bei der letzten Visite hat mich der Doc gefragt, was ich in der Therapie erreichen will. Ich antwortete ihm, ich will nicht nach den Sternen greifen, ich will so werden, wie ich vor vierzehn Jahren psychisch war. Er sagte, das sind keine Sterne, sondern Illusionen. So werde ich nie wieder. Das war niederschmetternd. Er hat gesagt, dass ich das Problem mit meiner Mutter nicht mehr klären kann und die Wut auf meinen Bruder nicht mehr sein soll, der ist schließlich tot. Warum mache ich dann diese Therapie? Wenn ich keine Lösungswege finde, also krank bleibe.

Vom Doc habe ich die Aufgabe bekommen Evita-Geschichten zu schreiben und sie zur nächsten Leserunde vorzulesen. Das wird bestimmt schwer.

10. März 2006 – Tag 39

Heute habe ich meine Klingen gegen eine Beruhigungspille getauscht. War es ein guter Tausch? Oder wollte ich mich nur wichtigmachen? Was ist mit mir los? In den letzten Monaten und Wochen habe ich mir immer Nähe gewünscht. Jetzt kann ich sie bekommen, die anderen haben Vertrauen zu mir und ich zu ihnen, und doch lehne ich ihre Nähe ab. Schon eine Berührung ist kaum zu ertragen.

Der Druck ist nicht weg. Ich kämpfe in meinem Kopf. Ein Teil sagt, tue es nicht, es bringt nichts, beherrsch dich, es geht auch ohne Selbstverletzung. Und der andere Teil überlegt, welche Stelle meines Körpers benutzt werden könnte.

Manchmal denke ich, die Selbstverletzungen sind ein Hilfeschrei. Ich will es nicht tun. Ich will stark sein und doch bin ich schwach. Ablenken, womit?

Die Einsamkeit, auch in der Gemeinschaft erdrückt mich, nimmt mir die Luft zum Atmen.

Warum wünsche ich mir Nähe und Verständnis und kann es dann doch nicht annehmen?

Will ich die anderen nicht belasten? Belasten mit meinen kranken Gedanken?

Die Frau, die plötzlich gesund war

Über der Waldwiese geht die Sonne auf. Die Butterblümchen erwachen aus ihrem Schlaf und öffnen die Blüten, sie warten auf die Bienen, die ihren Nektar trinken wollen. Evita fühlt den Tau an ihren nackten Füßen und genießt die ersten warmen Sonnenstrahlen. Wie lange konnte sie sich nicht an der Schönheit der Natur erfreuen?

Ein Blick auf ihre Uhr lässt sie erschrecken. Es ist kurz nach 7.00 Uhr, und sie muss sich beeilen. Ihr Enkel Jannik und seine Schwester sind heute bei ihr und sie freut sich auf den kleinen Kerl und Darleen. Wenn sie ihre Enkel sieht, ist so viel Freude in ihrem Leben. Heute will sie mit den beiden in den Tierpark. Evita mag die Elefanten, Jannik die Affen und Darleen liebt die Eisbären. Das wird bestimmt ein toller Tag. Den Fresskorb für den Ausflug hat sie schon gepackt und in einer Stunde soll es losgehen. Evita ist glücklich, dass es ihr in den letzten Wochen so gut geht. Die Narben an ihrem Körper sind verheilt, klar sind sie noch zu sehen, aber sie werden verblassen, wie die Angst und die Einsamkeit, die in ihr geherrscht haben.

Ihr kommt ihr kleiner Sohn Rene entgegen. Er ist zwar schon 17, aber für Evita wird es immer der „Lütte" bleiben. Seit 2 Wochen ist er Auszubildender in einer Tischlerei und er freut sich jeden Tag auf seine Ausbildungsstelle. Es war und ist wie ein Sechser im Lotto, dass Rene die Ausbildungsstelle bekommen hat und vor allen Dingen, dass es ihm so viel Spaß macht.

Mein Gott, wann hatte Evita je so viel Gutes wie in den letzten Tagen erlebt?

Kaum ist sie zu Hause, klingelt es auch schon an der Tür. Das wird Steffi mit Jannik und Darleen sein. Es klingelt noch einmal, warum hört es nicht auf? Evita rennt zur Tür, stolpert, fällt hin und auf einmal liegt sie im Bett, im Krankenhausbett in Jerichow und sie begreift, dass das alles, die Waldwiese, der geplante Ausflug in den Tierpark und die Lehrstelle von Rene, nur ein Traum war. Warum kann sie das Glück und das „gebraucht werden" nicht im wahren Leben fühlen?

Erinnerungen an die Kindheit

Die Therapiegruppe ist zu Ende, Evita liegt auf dem Bett und ihre Gedanken kreisen um das eben Besprochene. Sie hatte sich vor der Sitzung überlegt, was sie in der Gruppe ansprechen könnte. Es war das Thema Missbrauch, durch ihren Bruder. Ein Thema, dass sie in den letzten Wochen und Tagen sehr beschäftigt hat. Je mehr sie darüber nachdenkt, desto mehr treiben sie ihre Gedanken in die Vergangenheit zurück.

Evita hat Sommerferien, sie geht jetzt in die 3. Klasse. Für ein Mädchen in ihrem Alter, ist sie recht weit entwickelt. Sie bemerkt des Öfteren die Blicke ihres 15-jährigen Bruders. Wie jedes Jahr sind ihre Eltern und ca. acht Familien zusammen zum Zelten an die Ostsee gefahren. Und wie immer müssen Evita und ihr Bruder täglich mit an den FKK-Strand. Evita mag es dort nicht. So viele nackte Menschen, sie fühlt sich immer beobachtet. Nicht nur von den Fremden, sondern hauptsächlich von ihrem Bruder. Sie muss mit ihm in einem Zelt schlafen. Ihr läuft der kalte Schweiß am Rücken herunter, wenn sie an die Nächte denkt. Nächte, in denen die Hände ihres Bruders ihr sehr nahe kamen, sie berührt haben, ihr wehtaten. Nicht nur die Hände, seine Sabber auf ihrer Haut, iiiiiiiiiiiii. Es war nicht nur eklig, es war grauenhaft. Er hat ihr gedroht, wenn sie es den Eltern erzählt, sorgt er dafür, dass sie gar keine Freundinnen mehr hat. Evita hat doch nur die eine Freundin Elke und die wollte sie nicht aufgeben. Obwohl, Elke war gar keine richtige Freundin, sie kam immer nur zu Evita, wenn sie niemanden hatte, der mit ihr spielen wollte. Aber Elke kam wenigstens manchmal und vielleicht wurden sie ja doch noch richtige Freundinnen.

Die Gedanken schweifen weiter, was war nach dem Zelturlaub an der Ostsee? Auch nach den Ferien wollte ihr Bruder sie immer öfter berühren, an Stellen, an denen Evita es hasste sich anfassen zulassen. Und er erpresste sie jedes Mal. So hatte Evita keinen Ausweg, sie musste es über sich ergehen lassen. Wie oft zog er sie in den Keller, bestimmt nicht, weil er Kohlen oder Kartoffeln holen wollte. Er wollte Dinge tun, über die man nicht spricht. Über die man nicht spricht, obwohl die Eltern so frei waren, an den Nacktstrand zu gehen.

11. März 2006 – Tag 40

Diese Nacht habe ich wieder Alpträume gehabt. Diese Träume erdrücken mich. Ich werde mit diesen miesen Gefühlen wach und sie bleiben den ganzen Tag lang.

Mir ist heute klar geworden, dass ich hier das habe, was ich „draußen" nicht haben kann. Hier bekomme ich Nähe, Zuwendung und Verständnis. Die Frage ist nur, warum fühle ich jetzt so und ziehe mich in bestimmten Situationen doch in mich zurück? Und lasse dann niemanden an mich ran?

13. März 2006 – Tag 42

Der Doc lässt mich voll auflaufen. Für alle und jeden hat er Zeit, nur für mich nicht. Will er mich provozieren? Es kotzt mich an. Ich will nach Hause.

24. März 2006 – Tag 53

Eben haben wir noch mal über die Gruppe gesprochen. Ich bin voll abgedreht. Ich dachte, ich habe mich in die Gruppe gut eingebracht, die anderen sagen aber, ich war mit meinem Kopf nicht wirklich da. Ich habe geschaukelt und die Nagelbetten meiner Finger bearbeitet. Mein Psychologe hat gesagt, auf der einen Seite bin ich die Frau, die voll im Leben steht, die viel weiß, logisch denken kann und auf der anderen Seite bin ich das Kind, das schaukelt und an den Fingern nuckelt, rumalbert, auch lachen kann.
Das macht mir Angst.

27. März 2006 – Tag 56

Heute habe ich 2 Tafeln Schokolade geschenkt bekommen, eine Tafel Liebe und eine Geborgenheit. Warum kann man mir nicht richtige Liebe und Geborgenheit schenken? Kein Mensch will mich so, wie ich bin. Fett und hässlich mit kaputten Armen, kaputten Kopf und kaputter Seele.

Wenn ich in den Spiegel sehe, sehe ich nur meine Haare, wenn ich sie föhne, oder meine Zähne, wenn ich sie putze. Etwas anderes sehe ich nicht.

Ich bin so leer, so einsam. Wie soll es weiter gehen mit mir? Ich wollte nur ein bisschen Wärme und Geborgenheit, nur ein bisschen, kein Kuss, keinen Sex, einfach nur dass jemand da ist, der mich versteht. Ich helfe ihm und er hilft mir. Einen Menschen, der ohne Wenn und Aber einfach nur da ist. Jemand, der mir zuhört. Es ist kaputt und ich bin schuld daran. Ich bin zu alt, zu hässlich und zu fett.

28. März 2006 – Tag 57

Seitdem wir in der Gruppe das Thema Vergewaltigung hatten, sehe ich immer wieder eine Szene vor meinem inneren Auge.

Ich bin im dunklen Keller. Es riecht nach altem Obst, Kartoffeln und frisch gehacktem Holz. Ich stapele das Holz auf, ganz hinten im Keller in der dunkelsten Ecke. Mein Bruder kommt, sagt etwas zu mir, ich verstehe ihn nicht, vielleicht, dass er mich mag, er fasst mich an. Zieht mich an sich. Er zieht seine Hose runter, ich sehe ihn, hässlich unerträglich und ich muss ihn berühren, anfassen, er zieht mir den Rock runter und den Slip aus, es ist so dunkel, Und dann ein schwarzes Loch. Je mehr ich darüber nachdenke, desto dunkler wird es. Ist er in mich eingedrungen? Ich weiß es nicht. Warum weiß ich es nicht mehr? Möchte ich es überhaupt wissen? Warum habe ich nicht nein gesagt?

29. März 2006 – Tag 58

Heute läuft hier nicht mehr viel. Nur noch Gruppe und wandern. Mir geht es immer noch nicht besser. Die Spannung und der Druck sind unerträglich. Ich fühle mich tot in meinem Körper.

Das Malthema war gestern auch wie ein Schlag ins Gesicht. Ich sollte einen Ort malen, an dem ich mich wohl fühlen könnte.

Ich habe keinen Ort, an dem ich mich wohl fühlen könnte. Ich habe die ganze Nacht darüber nachgedacht, aber mir fällt nichts ein. Ist das nicht traurig?

09. April 2006 – Tag 69

Der letzte Montag hier in Jerichow. Am Mittwoch gehe ich nach Hause. Zwei Wochen werde ich noch montags, mittwochs und freitags hierherkommen. Danach gehe ich zu meiner festen Therapeutin. Ich weiß nicht, ob mir der Aufenthalt hier etwas gebracht hat. In den ersten Wochen habe ich fast täglich, mein Koffer-pack-Syndrom gehabt (eine Umschreibung für „ich will nach Hause"). Wenn ich mir meine Arme und Beine ansehe, hat es hier nichts gebracht. Jedenfalls nicht das, was ich mir erhofft habe. Die Selbstverletzungen haben zugenommen und mein Sohn und mein Mann sind deswegen sauer.

Der Psychologe hat gesagt, es wird auch so bleiben, denn ich habe zwei Gesichter. Einmal die Frau, die ganz genau weiß, was sie will und dann das Riesenbaby, das schaukelt, wippt und an den Fingern nagt.

Wie es weiter gehen soll, weiß ich nicht. Die Wut und der Hass auf meinen Bruder und auf das, was er mir angetan hat, haben etwas abgenommen. Aber sobald meine Mutter das Wort Olaf in den Mund nimmt, bin ich auf dreihundertsechzig.

Das Problem mit meiner Mutter ist immer noch im Wachstum. Ich glaube, es wird mich noch erdrücken. Das will ich aber nicht, aber es wird so kommen.

Bei dem Problem mit Ralf kann ich mir nur selbst helfen, aber ob ich die Kraft dazu habe, steht in den Sternen.

Das einzige, was ich positiv sehe, ist, dass man ganz schnell Schmetterlinge im Bauch haben kann. Die dann aber auch, noch bevor ich sie wahrgenommen habe, vergiftet worden sind.

Was ich mir durch harte Arbeit aufgebaut habe, reiße ich mit meinem fetten Arsch wieder ein. Es ist immer dasselbe. Warum bin ich so? Was kann ich an mir ändern, damit ich nicht mehr so reagiere? Ich möchte die Frau sein, die jeder mag und was bin ich? Die Olle, die lieber keiner kennt. Ich hatte mir von der Therapie hier gewünscht, ich werde aufgefangen, aber ich stürze ins Endlose. Und der freie Fall wird immer rasanter.

Gisela Langer

Eiskristalle

Sind es
Tränen
der Freude und Hoffnung
Tränen der Verzweiflung und Trauer
Tränen
Eiskristalle umhüllen die Rose

Hannelore Orlowski

Beeindruckt

Unsichtbar
ist deine Stärke.
Spielerisch
bewegst du die Bäume.
Tänzerisch
wirbeln durch dich die Blätter.
Kraftvoll
schiebst du die Wolken umher.
Mit kaltem Atem
bläst du mir ins Gesicht.
Ich ziehe mich in die warme Stube zurück.

Elke Martina Hanitzsch

Lebensreise

So viele Wege
bin ich gegangen
meistens allein.
Was ich suchte – fand ich nicht.
Die Füße blutig
das Herz gebrochen
die Seele zerrissen.
Doch voller Neugier geh ich weiter
frage mich: Wo wohnt das Glück?
Und immer trägt sie mich, die Hoffnung
hoch zu den Wolken
und wieder zurück.

Sigrid Lindenblatt

Altersfalten

Ich lache und lache
und halte mir den Bauch.
Im Spiegel sehe ich Falten.
Im Gesicht, am Hals …
Auch mein Bauch und mein Po
haben Falten.
Nun hat es auch mich erwischt.
Na und …
Falten gehören zum Leben.
Da kann ich doch lachen.
Ich liebe meine Altersfalten.
Ich lache und lache.

Gisela Langer

Alter

Es war einmal eine Blume
jung und schön anzusehen,
stark und kräftig im Wuchs.
Nach Jahren verlor sie
an Schönheit und Kraft.
Sie wurde schwächer und schwächer,
Falten waren zu sehen,
wollte nicht mehr gepflegt werden.
Schlafen, schlafen wäre gut.

Gisela Langer

Netz der Spinne

Ein Kunstwerk
Vorsicht Gefahr
Beutefang
Gefangenschaft
Tod

Der Schatten

Abendsonne wirft Schatten an die Wand.
Ein Gesicht erscheint.
Fragend schaue ich es an - Stille, kein Laut.
Es ist nur ein Schatten, der wieder unsichtbar wird.

Invasion...

Glühwürmchen am Himmel vorüberziehen
Aliens aus dem All?
Irrtum:
Eine Spiegelung im Fenster des Deckenlichts.
Weiter nichts.

Garderobenständer

Ich stehe überall.
Werde belagert von Groß und Klein.
Oft bin ich am Zusammenbrechen.
Von den vielen Gerüchen werde ich ganz benommen.
Doch, es gibt Hoffnung.
Irgendwann am Abend oder zur Nacht, bin ich frei und kann
wieder durchatmen.

Sigrid Lindenblatt

SPONTAN

Abends im Bett bevor ich einschlafe, falte ich meine Hände und bete: Ich bedanke mich für den vergangenen Tag, bitte um einen gesunden Schlaf mit schönen Träumen und dass der neue Tag Gutes bringen möge.

An einem Abend wünschte ich mir jemanden, mit dem ich einfach mal so für einige Tage in Urlaub fahren könnte.

Am nächsten Tag klingelte mein Handy und eine Freundin fragte mich, ob ich Lust auf eine mehrtägige Busfahrt mit ihr hätte.

Ich konnte es gar nicht glauben und sagte spontan: JA

Bereits eine Woche vor der Reise begann ich mit dem Kofferpacken, nicht gerade meine Lieblingsbeschäftigung.

Abfahrtstag war sonntags um sechs Uhr. Na Klasse, auch nicht meine Zeit.

Ich stellte mir den Wecker (nein natürlich mein Handy) auf drei Uhr. Ich mag es morgens ruhig und ohne Hektik und mit einem Zeitpuffer.

Gegen zehn Uhr abends legte ich mich hin. Ich konnte nicht einschlafen, es war wie verhext. Als ich das letzte Mal auf die Uhr sah, war es kurz vor drei. Nun hatte es auch keinen Sinn mehr und ich stand auf, ging ins Bad und danach in die Küche, um mir Reiseproviant fertig zu machen.

Als ich an der Busabfahrtsstelle ankam, begrüßte mich meine Freundin. Sie war mit dem Taxi schneller, als sie vorher dachte.

Unser Bus kam aus Magdeburg und hatte schon einige Fahrgäste von dort mitgebracht.

Das Gepäck war schnell im Businneren verstaut und nach einigen Verhaltensregeln des Busfahrers und der Reiseleiterin starteten wir pünktlich um sechs Uhr.

Ich streckte meine Füße aus und war glücklich, dass ich bis hierhin alles gut geschafft hatte.

Nun konnte ich mich voll auf mein spontanes Reiseabenteuer einlassen.

Die Reiseleiterin erzählte uns viel Interessantes rechts und links der Autobahn und der Busfahrer unterhielt uns mit seinen humorvollen Einlagen.

Nach unzähligen Pausen, der Busfahrer musste laut Vorschrift einige mehr bzw. länger machen, kamen wir dann ziemlich geschafft nach ca. vierzehn Stunden in unserem Hotel auf dem knapp 1.900 Metern hohem Alpenpass Tonale am Fuße des Presena-Gletschers, an.

Das Abendessen fand dann buchstäblich am Abend statt. Inzwischen war es fast 21 Uhr.

Die Ansage für den nächsten Tag erschütterte mich. Die Abfahrt wurde auf 7.30 Uhr angesetzt und das Frühstück gab es demzufolge ab 6.30 Uhr. Da konnten wir nur noch vollkommen übermüdet in die Betten fallen.

Auf dem Programm stand die Fahrt mit dem Bernina Express. Vor uns lagen aber erst einmal drei Stunden Anfahrt mit dem Bus.

Während der Fahrt mit dem roten Zug, auf Europas höchster Eisenbahnstrecke hatten wir wunderschöne Ausblicke auf berühmte Gipfel, Gletscherriesen und Bergseen, die in der Sonne schimmerten. Berghütten lagen eingebettet in das leuchtende Grün der Schweizer Wiesen.

Ich konnte mich gar nicht genug satt sehen an der eindrucksvollen Gebirgslandschaft. Wie gut ist es doch, dass es möglich ist, die erlebten Eindrücke mit dem Handy festhalten zu können.

Unsere Fahrt endete in St. Moritz. Hier hatten wir etwas Freizeit. Aber meine Erwartungen wurden nicht erfüllt. Ich weiß zwar auch nicht genau, was ich mir nach den Berichten über diesen Ort und den vielen schönen Reichen vorgestellt hatte. Das, was wir zu sehen bekamen in der wenigen Zeit rund um das Bahnhofsgelände war ernüchternd.

Es folgte unsere Rückfahrt zum Hotel, die wieder ca. drei Stunden dauerte. Unsere Reiseleiterin und der Busfahrer verkürzten uns die lange Zeit mit ihren wissenswerten bzw. lustigen Einlagen.

In unserer Unterkunft konnten wir uns nur etwas frisch machen. Erholen, die Gegend erkunden oder das Schwimmbad nutzen war leider nicht drin, denn es war schon wieder Abendbrotzeit.

Am nächsten Tag ging es dann eine Stunde später los, da die Schmalspurbahn nur 30 Kilometer entfernt vom Hotel abfuhr. Diese Fahrt verlief ähnlich wie die mit dem Bernina Express am Vortag. Sie endete in Trient. Dort erlebten wir eine Stadtführung, von der sich meine Freundin und ich bald absetzten. Wir erkundeten die Stadt nach eigenen Vorstellungen und suchten uns aber bald ein Restaurant, wo wir draußen sitzen und echt italienisch essen konnten.

Bis zur Busabfahrt erholten wir uns im Stadtpark auf einer Bank und sahen den Enten zu, die von den Touristen gefüttert wurden.

Am dritten Tag stand die Fahrt zum Iseosee auf dem Plan. Bei der Schifffahrt auf dem See konnten wir das Panorama im Postkartenmotiv genießen. Die Sonne brachte das Wasser zum Glitzern und wieder fotografierte ich mit meinem Handy drauflos. Auf der Insel haben wir uns gestärkt und am Essen an dem See, der in der Sonne lag, erfreut.

Eine Weinverkostung inmitten des weltberühmten Weinanbaugebietes Francia-corta rundete den Tag ab.

Unser Busfahrer musste wahre Fahrkunststücke vollbringen, um durch die engen Straßen auf den Weinberg zu kommen.

Am Rückreisetag kamen wir nach 12 Stunden, so gegen zwanzig Uhr, wieder in Halle an.

Meine spontane Entscheidung hatte mich für einige Tage in die Berge Italiens geführt. Wir haben viel gesehen, aber es war alles sehr anstrengend.

Ich bin froh wieder zu Hause zu sein.

Jochen Gutte

Gedanken zur Nachdenklichkeit

Feiertage sind immer auch eine Zeit des Innehaltens und der Einkehr. Nachdenklichkeit kommt, oft ungewollt, auf, besonders, wenn es regnet. Nicht unausgesetzt kann man in sich reinfuttern oder Biere picheln. Die meisten begeben sich drum gern auf Reisen, weil sie dann *ausgefüllt* sind, ausgefüllt mit *action*. Da verfällt man kaum dem Grübeln...

Kerstin Blasczyk

Reisen mit Hindernissen

Auch wenn wir zurzeit nicht reisen können, erinnere ich mich doch gern an unseren letzten Sommerurlaub zurück.

Bisher sind wir immer in die Türkei gefahren, aber ich wollte mal etwas anderes sehen.

Deshalb entschieden wir uns das zweite Mal für Ägypten.

Am Abreisetag waren wir pünktlich am Flughafen Hannover. Da wir uns früh auf den Weg machten, hatten wir noch vier Stunden Zeit. Unser Auto stand sicher auf einem in der Nähe gelegenen Parkplatz. Wir bummelten voll Vorfreude auf dem Flughafen herum. Die Sicherheitskontrollen verliefen ohne Probleme. Nur beim Suchen des Gates hatten wir etwas Schwierigkeiten. Wir hatten es gerade gefunden, da wurde uns über Lautsprecher die Verspätung unseres Fluges durchgesagt. Voraussichtlich 4 ½ Stunden.

Freundlicher Weise bekamen wir pro Person einen Verzehrgutschein über 15,00 €, was uns wieder gütlicher stimmte. Wir wurden aufgefordert, uns aus dem Sicherheitsbereich zu entfernen. Alle Getränke, die wir bis dahin schon gekauft hatten, mussten von den Sicherheitsbeamten eingeschweißt werden. Manche bekamen diese Information nicht mit und mussten die Getränke beim erneuten Einchecken abgeben.

Irgendwann kam die Info, dass unsere Maschine nicht fliegen kann und deshalb eine Ersatzmaschine aus Madrid kommen würde. Aber sicher war es nicht. Auch vom Sicherheitspersonal oder von Mitreisenden erhielten wir keine näheren Aussagen.

Zuerst gingen wir von unserem Gutschein bei „Mc Donalds" essen. Vom Rest kauften wir uns Baguettes, die wir dann im Flugzeug verzehrten. Von den Fluggesellschaften gab es schon seit Jahren keine Gratisverpflegung mehr.

Die Zeit am Flughafen war kurzweilig und wie vorhergesagt, konnten wir um 19.00 Uhr in eine Langstreckenmaschine einer spanischen Fluggesellschaft einchecken. Da dieses Flugzeug viel mehr Plätze hatte als unsere „Sunexpress", die wir gebucht hatten, war freie Platzwahl. Bereits in die USA waren wir mit einer ähnlichen Maschine geflogen. Sie bot viel mehr Komfort. Vor uns im Sitz eingebaut befand sich ein

Fernseher, an dem man Filme und Musik gucken oder hören konnte. Deshalb bekamen wir diese Zeit ohne Langeweile über die Bühne. Der Flug war super entspannend und sehr ruhig. Die Kontrollen am Flughafen Hurghada verliefen normal, nachts ist in der Regel wenig los. Nach Mitternacht kamen wir dann endlich im Hotel an. Dort bot man uns noch das Mitternachts Büfett an, aber wir hatten keinen Hunger mehr. Bevor wir schlafen gingen, setzten wir uns auf unsere Terrasse und atmeten tief durch. Die Gartenanlage war beleuchtet und wir genossen den Ausblick. An die warme Luft mussten wir uns erst einmal gewöhnen.

Am nächsten Morgen besichtigten wir unsere Anlage. Sie war sehr grün und ansprechend gestaltet. Gleich vor unserem Zimmer lagen einige Pools, die uns ziemlich klein vorkamen. Wir besorgten uns Auflagen für die Liegen und machten es uns gemütlich. Nach einer kleinen Runde fanden wir dann den Hauptpool, der unweit entfernt lag. Nachdem wir das erste Mal im Pool waren, mussten wir leider feststellen, dass das Wasser nicht runter gekühlt wurde und deshalb viel zu warm war. Weil die Außentemperaturen sehr heiß waren, war es irgendwann keine Abkühlung mehr. Mittags gab es im Restaurant am Strand Pasta- und Pizzagerichte nach Wahl. Oberlecker!

Auch im Hauptrestaurant konnte man sich dreimal am Tag am reichhaltigen Büfett bedienen, was wir mittags kaum in Anspruch nahmen. Es wurde viel landestypisch gekocht, woran wir uns erst gewöhnen mussten, aber wir fanden immer etwas. Mit dem Essen in der Türkei konnte man es allerdings nicht vergleichen.
Das al a carte Restaurant am Strand war allerdings sehr schön.

In El Gouna konnte man sich mit Tuk-tuks - kleinen Autos - fortbewegen. Das machten wir auch und fuhren unter anderem nach Down Town. Dort befanden sich hauptsächlich Restaurants, welche wir aber nicht besuchten. Außerdem gab es einen Drogeriemarkt. Dort kaufte ich meine Seife, die ich besonders für mein Gesicht brauchte und leider zu Hause vergessen hatte. Natürlich gab es nicht "meine Seife", so dass ich ein Ausweichprodukt kaufen musste. Die Qualität der Seife ließ zu wünschen übrig.

Es war die einzige Einkaufsmöglichkeit in der Umgebung. Shoppen, wie in der Türkei, war nicht möglich. Auch zum Schwesterhotel

Steigenberger Golfressort machten wir eine Runde. Wir hätten dort auch essen können, aber es gefiel uns dort nicht. Nach einer Stunde fuhren wir wieder zurück. Die Fahrt mit dem Tuk-tuk war sehr abenteuerlich. Vorne saß der Fahrer und hinten waren zwei Plätze. In jeder Kurve hatten wir durch den Fahrstil des Fahrers Angst umzukippen.

Eine Bootstour durch die Lagunen und ein Besuch im ägyptischen Museum machte uns großen Spaß. Angeblich ist El Gouna das Beste, was Ägypten zu bieten hat, aber das konnten wir nicht bestätigen. Die meiste Zeit verbrachten wir sowieso am Pool.

Nach zehn erholsamen Tagen ging es wieder zurück in die Heimat. Der Transfer zum Flughafen klappte zwar reibungslos, aber am Flughafen angekommen, ging das Chaos los. Die Anzeigetafel für die Flüge funktionierte nicht, so dass wir nicht wussten, wo wir uns anstellen sollten. Wir fragten uns irgendwie durch und warteten. Es verging über eine Stunde, wo nichts passierte und die Zeit drängte. Dann wurde uns endlich der richtige Schalter genannt. Wir checkten ein. Die Kontrollen waren echt nervig. Gefühlte fünfmal mussten wir unser Visum zeigen, dreimal waren Taschen- und Körperkontrollen. Wir waren heilfroh, als wir alles hinter uns hatten. Dennoch konnten wir pünktlich ins Flugzeug einsteigen. Kurz vor dem Start wurde uns über die Ansage mitgeteilt, dass wir leider nicht fliegen können, da es in Deutschland nicht genug Fluglotsen gibt. Das überraschte uns doch ein wenig. Wenig später teilte uns der Pilot mit, dass wir eine andere Route fliegen können. Deshalb musste das Flugzeug neu betankt werden, da die Strecke länger ist. Durch das Fenster sahen wir den Tankwagen kommen. Doch der war defekt und musste nochmal ausgetauscht werden. Das zog sich hin und es wurde immer später. Da das Flugzeug stand, gab es statt Klimaanlage nur die Lüftung. Es war sehr unangenehm. Zum Glück konnten wir uns Getränke kaufen und die Kinder konnten mal ins Cockpit schauen. Irgendwann waren wir startklar. Jetzt wurde durchgesagt, dass am Platz des Piloten eine Lampe brennt, die nicht brennen dürfte und deshalb der Techniker kommen muss. Wir warteten und warteten. Noch zwei weitere Male wurden wir vertröstet. Dann konnten wir endlich zur Startbahn rollen. Der Flug verlief zum Glück ruhig und wir landeten wohlbehalten in Hannover.

Eigentlich war für dieses Jahr im Juni und September wieder ein Türkeiurlaub geplant, aber durch „Corona" ist alles anders. Selbst wenn wir wieder die Erlaubnis zum Fliegen bekommen würden, dauert es bei uns, bis wir wieder genug Vertrauen zurückgewinnen.

Wir zehren jetzt von unseren Erinnerungen und fühlen uns auch Zuhause sehr wohl! Es ging uns wahrscheinlich viel zu gut. Die Welt braucht mal eine Pause.

„Mein Ziel ist es, mir ein Leben aufzubauen, von dem ich keinen Urlaub mehr brauche!" (Autor unbekannt)

Lutz Sehmisch

Geheimnisvolle Energie (Uxmal)

der Klang des Windes
umschlingt geheimnisvolle Mauern
Maracas rauschen wie das Meer
Laute aus dem Wald
Trommeln wiegen sich
kommen und vergehen
beschwörender Gesang füllt
den Platz mit Magie
im Licht der Fackeln huschen Schatten
in den Mauernischen tanzen die Geister der Maya
erzählen von ihrer Welt
am Morgen blicke ich wie ein König
durch aufsteigenden Nebel über die Baumwipfel
in das Antlitz der Götter.

Jutta Eichstädt

Tagebuchnotizen

04. 12. 2015

Wir füttern schon draußen die Vögel, das heißt, eigentlich füttere ich die Vögel. Doch heute stand in der Zeitung, dass man sie erst bei Frost füttern sollte. Aber es steht so viel in der Zeitung, dass man gar nicht mehr weiß, was nun eigentlich stimmt oder richtig ist und das nicht nur auf ein so simples Thema, wie die Fütterung von Wintervögeln bezogen. Überall in der Welt schlagen sie sich die Köpfe ein. Die Medien bringen jeden Tag eine neue Hiobsbotschaft. Ich muss schon sagen, ich habe Angst vor einem Krieg.

Deutschland lässt sich noch von Frankreich in einen Krieg mit hineinziehen. Gerade in Hinsicht auf Deutschlands Vergangenheit, sollte man meinen, dass Deutschland daraus gelernt hat.

Ich denke, dass man Kriege heute nicht mehr mit Waffen entscheiden kann, sondern nur mit Diplomatie.

Wenn es zum Krieg kommen sollte, wären wir und unsere Erde verloren. Aber die das entscheiden, stehen hoch und trocken und letztendlich sind die Zivilisten die Leidtragenden.

Es sind mir wieder Zeitdokumente meines Vaters aus dem zweiten Weltkrieg in die Hände gefallen.

Tante Marli, die Schwester meines Vaters schrieb an ihn:

Braunschweig den 22. 02. 1945 bei Fliegeralarm

Lieber Fredi!

Eben will ich Dir ein paar Zeilen schreiben. Es ist Fliegeralarm. Luftschutzmäßiges Verhalten für Braunschweig ist erforderlich, aber ich gehe noch nicht in den Keller, denn man hört ja noch gar keine Flugzeuge. Mutti ist schon in den Bunker gegangen, aber ich habe keine Meinung.
Eben stehen Kampfflugzeuge bei Gifhorn.
Weißt Du, ich bin heute nicht zur Spinnerei gegangen, weil ich heute zum Arzt will. Ich habe nämlich gestern furchtbare Krämpfe in den Beinen gehabt. Mal sehen, was

der Arzt angibt, hoffentlich schreibt er mich krank. Wie geht es Dir sonst noch?
Ich soll Dir Grüße von Karl-Heinz Meyer bestellen. Der ist jetzt bei der Flak. Jetzt
brummen die Flieger, hoffentlich lassen sie nichts fallen.
Gestern und vor einigen Tagen sind auch wieder Bomben gefallen. Drei Tote sind
zum Opfer gefallen.
Nun will ich schließen, denn die Flak schießt und die Flieger brummen, da will ich
doch lieber in den Keller gehen.

Nun sei herzlich gegrüßt von Marli.

Tante Marli bekam dann folgenden Brief von Ihrer Freundin Inge:

Braunschweig, d. 21. 3. 45

Meine liebe Marli!

Weil Du mir nun gar nicht einmal ein paar Zeilen geschrieben hast, will ich wenigs-
tens an Dich denken.
Hoffentlich ist Deine Adresse nun recht, daß Du diesen Brief auch wirklich be-
kommst.
Wie geht es Dir denn noch, meine Liebe? Ich hörte vor längerer Zeit, daß Du ins
Schulbüro zu Dr. Voigt solltest. Sigrid erzählte mir nun aber, daß das Arbeitsamt
Dich nicht freigegeben hat. Das tut mir ja sehr leid für Dich. Wie schön wäre es
gewesen, wenn Du jetzt in die Lehre könntest. Herr Dr. Voigt hatte mir damals
auch geschrieben, ob ich nicht zu ihm wollte. Aber der Personalchef von der Niemo
hat mich nicht wieder weggelassen.
Ich hatte Dir damals schon geschrieben, daß ich in der Niemo beschäftigt bin. Ich
weiß nun aber nicht, ob Dich die Karte erreicht hat.
Ich mache nun hier Kriegseinsatz.
Schöne Arbeit habe ich ja. Ich habe meine Lagerkartei, die ich bearbeite, also nur
Büroarbeit.
Aber mit der Lehre hat es bis heute noch nicht geklappt.
Ich mache mir auch für die nächste Zeit nicht viel Hoffnung.
Du, liebe Marli, mußt nun Dein Dasein noch in der Spinnerei fristen. Du Arme!
Tust mir ja leid. Hast Du nicht einigermaßen Aussicht, dort wegzukommen? Ach
Marli, wie mag nur noch alles werden.
Mir geht es nun genau wie Dir.

Am 3. März sind wir total ausgebombt. Ein Volltreffer ist auf unser Haus gekommen. Aus dem eingestürzten Keller haben wir etwas retten können, aber von der Wohnung haben wir keinen Splitter wiedergefunden.

Sigrid Meinhardt, Ruth Bertling und ich sind Leidensgenossen, denn wir wohnten ja in einem Haus.
Liebe Marli, Du mußt schon die schlechte Schrift entschuldigen, aber ich schreibe während der Arbeit, da kannst Du Dir denken, daß es schnell gehen muß. Laß es Dir gut gehen und wenn Du mal ein bißchen Zeit hast, dann schreib mir doch bitte mal ein paar Zeilen.

Viele herzliche Grüße von Deiner Inge.

Inge und Tante Marli haben sich nie wiedergesehen, denn Tante Marli ist kurz nach Kriegsende an TBC gestorben.

10. 12. 2015

Heute ist Bambule bei uns. Die Handwerker und Frau Böttcher sind bei uns.
Wir haben uns ja ein neues Schlafzimmer gekauft und das alte abgebaut und als wir die Auslegware weggenommen haben, ist uns klargeworden, dass der Fußboden neu gemacht werden muss.
Durch die alte Dielung konnte man durchbrechen. Nun verzögert sich alles.
Wir schlafen zurzeit in meinem Arbeits- und Besucherzimmer. Das geht auch mal.
Ich hoffe nun, dass wir am Wochenende oder Anfang nächster Woche unser neues Schlafzimmer aufbauen können.
Aber noch fehlen ein paar Teile. Die sollen mit DHL kommen.
Unsere Garage ist voll mit Möbeln und was mir Sorgen macht, ich weiß nicht, in welchem Karton die Rechnungen sind, nicht, dass wir noch Mahnungen bekommen.
Ich werde mal Waschbär anrufen, ob die uns Kopien schicken können, damit wir bezahlen können.
Das Ganze sorgt noch für zusätzlichen Wirbel in der sowieso schon stressigen Vorweihnachtszeit.

15. 12. 2015

Jetzt habe ich fast alle Geschenke zusammen.
Nur bei Detlef fehlen noch Federbälle und für Justus ist die Pyramide bestellt.
Ich hoffe, dass die noch reitzeitig ankommen.
Ich hatte sonst immer alles schon eher zusammen.
Für unsere Haushaltshilfe fehlt mir noch etwas.
Ich habe mal Justus gefragt, was sie so zu Weihnachten geben.
Es wird wohl vorrangig Geld sein.
Aber in Gesprächen ist mir kein Wunsch aufgefallen, was wir ihr schenken könnten und für Brita fehlt mir auch noch etwas. Da werde ich mal gleich Hagen anrufen und fragen, was wir Mutti und Brita schenken könnten.
Für Mutti dachte ich an einen Präsentkorb.
Wir können ihr nicht schon wieder einen Gutschein für Rossmann schenken.
Naja, vielleicht weiß Hagen etwas.
Ich weiß von den Eltern, dass sie sich immer über unsere Fresspakete gefreut haben, dann brauchten sie nichts einkaufen.
Vater hat mir mal erzählt, dass sie damit ein Vierteljahr auskommen.
Für mich ist dieses Jahr Weihnachten schwer. Es ist das erste Weihnachten ohne Mutter.
Ich habe immer noch das Gefühl, dass ich für sie sorgen muss.
Voriges Jahr haben wir sie noch im Pflegeheim besucht und haben mit ihr Kaffee getrunken.

17. 12. 2015

Heute ist wieder unsere Haushaltshilfe bei uns.
Sie ist eine gute Fee, sieht was unbedingt gemacht werden muss.
Es ist jedenfalls für uns ein Segen.
Sonst gab es an den Wochenenden immer einen Großkampftag und so gründlich wie Frau Böttcher es macht, war es bei uns nicht.
Sie putzt sogar auf den Schränken und unser Bücherregal im Flur hat sie

sich als Erstes vorgenommen.

Ich habe den Kampf gegen den Staub immer verloren. Irgendetwas war immer staubig.

So schön, wie ein offenes Regal auch ist, es ist aber auch ein einziger Staubfänger.

Justus hat uns schon lange gedrängt, jemanden für den Haushalt zunehmen und wir bereuen es nicht. Dieses Wochenende ist schon der vierte Advent und bald ist Weihnachten.

Mal sehen, wie es dieses Mal wird. Ich freue mich schon drauf. Vor allem für unsere Enkel.

Ich glaube, für Kinder ist Weihnachten das schönste Fest, aber nicht nur für Kinder.

Heute Nachmittag fahre ich nach Rathenow meine Brille abholen und zur Apotheke.

Ich überlege, ob ich mit dem Fahrrad fahre oder für die Hinfahrt eine Taxe nehme und zurück mit dem Bus fahre.

Wenn es regnet, werde ich wohl eine Taxe nehmen.

23. 12. 2015

Heute ist Frau Böttcher wieder bei uns.

Ich hoffe, dass sie uns noch lange erhalten bleibt.

Sie hat mir erzählt, dass sie acht Geschwister hat, aber einige sind schon sehr früh verstorben. Sie haben nicht mal das Rentenalter erreicht, was ich sehr traurig finde. Detlef hat mich angerufen, dass er bald zu Hause ist.

Er hat noch etwas eingekauft für die Feiertage.

Ich freue mich schon auf Weihnachten, vor allem aber auf unsere Enkel.

Ich war gerade beim Einpacken der Geschenke, musste jedoch das Feld räumen, weil Frau Böttcher sauber machen wollte.

Frau Böttcher ist wirklich eine gute Seele.

Ich muss noch Justus anrufen, wie wir den Heiligenabend verbringen und wie der Ablauf geplant ist.

Lutz Sehmisch

Mein Schatten

Was ist Depression für ein Gefühl? Die meisten Menschen würden diese Frage nie stellen. Viel zu groß ist ihre Angst vor den eigenen seelischen Abgründen, über die wir keine Kontrolle haben. Diese Tiefe menschlichen Daseins hat einen Namen. Doch den nimmt niemand gerne in den Mund. Ein Wort, das Unbehagen verbreitet, ein Wort, sie zu knechten, sie alle zu finden, ins Dunkel zu treiben. Oft wird es nebulös umschrieben: „Na...du weißt schon." Sobald man das Wort auf der Zunge hat, scheint es kein Zurück mehr zu geben zu einem "Sie hat nur etwas Stress in letzter Zeit." oder einem im Singsang vorgetragenen: "Auf Regen folgt Sonnenschein".

Doch was ist ES nun für ein Gefühl? Du kennst sicher Peter Pan und seinen Schatten. Sein Schatten spielt Fange mit ihm, will einfach nicht das tun, was von einem Schatten verlangt wird und piesackt Peter. Am Ende muss er angenäht werden. Für mich fühlt ES sich genauso an.

Ich habe keinen Schatten, der, wie man von ihm erwarten würde, ein stiller Begleiter durch mein Leben ist, sondern ein außerordentliches Großmaul! Er ist ein schwieriger Zeitgenosse. Sehr leicht reizbar, aufbrausend, rachsüchtig, eifersüchtig und gerissen. Immer muss er sich einmischen. Er flüstert mir Dinge ins Ohr, bringt mich auf düstere Gedanken und bringt mich dazu, falsche und verletzende Dinge zu sagen und zu tun. Wenig später erkenne ich mich selbst nicht mehr. Hätte ich ohne ihn so reagiert? In einem letzten verzweifelten Versuch den Glauben an mich und meine guten Seiten festzuhalten, rede ich mir ein: "Niemals!". Aber sicher bin ich mir da nicht.

Mein Schatten raubt mir den Blick auf die Sonne oder auf meine Mitmenschen. Er stiehlt mir Wärme, bis es um mich kalt und düster ist. Doch sein liebstes Spiel ist der Abgrund. Dabei lässt er mich am Rand eines großen Loches balancieren und wartet darauf, dass ich unaufmerksam bin, dass ich die Balance verliere. Das ist dann sein Auftritt. Er nimmt Anlauf und stößt mich wie ein Ziegenbock mit seinen Hörnern in den Abgrund. Ich hasse den Abgrund. Dort bin ich meinen tiefsten Ängsten und meinen größten Selbstzweifeln schutzlos ausgesetzt. Mir erscheint es unmöglich, einen Weg heraus zu finden. Ich bin gefangen in meinem Selbsthass und je länger ich dort bin, desto stärker wird mein Schatten und es wird immer schwieriger den hinterlistigen Gedanken, die er mir einimpfen will, keinen Glauben zu schenken. Ich könnte ewig weitererzählen, denn meinem Schatten fällt ständig etwas Neues ein, um mich auf die Probe zu stellen. Aber ich will nicht lügen. Ich kann lernen damit umzugehen. Ich muss es lernen, um nicht unterzugehen. Ich muss lernen mich selbst wieder zu lieben, die kleinen Dinge im Alltag zu genießen und mich zu öffnen. Denn meine Isolation ist Futter für meinen Schatten. Es ist eine tägliche Gradwanderung am Abgrund. Es ist anstrengend, nervenaufreibend und immer wieder verliere ich das Spiel. Ich habe aber auch gelernt, wenn ich offen bin und über meine chronische Depression rede, strecken sich Hände in meinen Abgrund, die mir helfen, mich wieder aufzurappeln.

Warum ich diesen Text schreibe? Ehrlich gesagt, ich weiß es nicht. Vielleicht hoffe ich, dass ich nicht allein bin mit diesem Gefühl. Dabei klingt in diesem Fall Singular so harmlos. Es ist eher eine tosende Welle aus Gefühlen, die in einem ohrenbetäubenden Lärm über mir zusammenbricht und mich unter ihr begräbt. Vielleicht hoffe ich, jemanden zu helfen, sich nicht allein damit zu fühlen. Vielleicht tue ich es aber auch einfach, um mir selbst zu helfen. Vielleicht auch, um einen, wenn auch nur kleinen, Einblick zu geben, wie es sich anfühlt: Das Leben mit meinem Schatten und mir.

Hannelore Orlowski

Ungebeten

Du kommst angekrochen,
umgarnst mich,
schleichst dich in mein Inneres,
drückst meine Stimmung,
lähmst mich.
Bin dir ausgeliefert – dir *Depression* –
aber ich gewähre dir kein
Bleiberecht.

Elke Martina Hanitzsch

Spaziergang

Ich geh im Walde
so für mich hin
da kommt mir
der Goethe in den Sinn.
Vor mir seh ich
blühende Zitronenbäume stehen
ein Heideröslein blüht so schön.
Der alte Faust rennt schnell davon
Mephisto böse lächelt
und Gretchen weint so sehr.
Der Werther leidet
still vor innerer Qual
Schon seit Jahrhunderten
Tragödien – unendlich
und ohne Zahl.

Lutz Sehmisch

Winter

Über weitgeschwungenen weißen Flächen
hör ich die Kälte knacken
Äste brechen
dann Stille
lange weiße Stille
festgefroren

Christa Seyer

Frühlingsmorgen

Die Sonne küsst die Erde wach,
an diesem schönen frühlingshaften Morgen.
Die Natur erwacht mit leiser Sinfonie,
breitet ihren Duft und ihre Schönheit aus.
Vögel schwingen ihre Flügel,
zwitschern um die Wette, als wenn es nichts
Schöneres gäbe.

Es gibt nichts Schöneres,
als diesen Einklang der Natur,
dieses immer wiederkehrende Wunder,
Jahr für Jahr.
Haltet ein – und lasst sie uns genießen,
ganz bewusst – diese Sinfonie.
Tag für Tag, Stunde um Stunde.

Verschließen den Alltag und die Hektik
fest – hinter einer unsichtbaren Tür,
denn die Zeit vergeht so schnell
und wir würden jeden versäumten Augenblick bereuen.

Bild und Text: Hannelore Orlowski

Berührt

So klein, so zart
getarnt in Weiß
reckt sich das Glöckchen
aus dem Schnee und Eis.
Die Erde hat es freigegeben,
die Sonne füllt es neu mit Leben.

Hannelore Orlowski

Verführer

Spürst du es auch?
Dieses Kitzeln auf der Haut,
dieses Hüpfen im Herz
diese neue Lebenslust?
Frühlingsgefühle schwärmen die einen.
Hormone kontern Wissenschaftler.
Dopamin, Testosteron, Pheromone
und Serotonin machen uns trunken.
Frühlings-Doping
Schluss mit dicken Socken!

Martina Haake

Morgendlicher Empfang

Der taufrische Morgen
empfängt mich
mit offenen Armen
noch schläfrige Bäume
sich allmählich enttarnen
letzter Tanz der Elfen
auf den Wiesen
erste Sonnenstrahlen
den erwachenden Tag
begrüßen
auch ich
entscheide mich für ihn
unter freiem Himmelszelt
und genieße
echt und fließend
heute morgen
die Welt

Martina Haake

LEBEN

Mit der Ebbe gegangen
mit der Flut gekommen
beide Seiten
dankbar angenommen
in der Dualität
unseres Seins
stell ich mich selbst
als Gestalter ein

Bild: Martina Haake

Marion Krüger

Erwachen

Leben berührt mich am Morgen
vergessen sind im Moment alle Sorgen
Sonnenstrahlen durchs Fenster lachen
es ist schön so zu erwachen
hell und klar höre ich …piep, piep
die Vögel singen mir ein Morgenlied
unser Hansi reiht sich ein
kann ein Erwachen schöner sein

LEBEN (für Lutz) 05.07.19

Leben in all seinen Farben
egal, ob blau, grün, gelb oder rot
Leben auf Leinwand
oder in Worten
zeigt dir tägliche Freude und Not
berühre das Bild und fühle
das immerwährende Auf und Ab
dies mein Freund ist das Leben
es hält uns immer auf Trab

Hannelore Orlowski

Kraniche

Mit Anmut und Grazie
im Reigen vereint
tanzen sie in den Frühling hinein.
Mit Formationsflügen voller Schwung
und Trompetenklang
erfreuen sie uns einen Sommer lang.
Ein Schauspiel bezaubernd schön,
wenn sie sich im Herbst sammeln
und nach den Süden ziehen.
Weithin klingt noch lange
ihr Abschiedsgesang.
Sie werden Vögel des Glücks genannt.

Bild: Hannelore Orlowski

Lutz Sehmisch

Fernes Land?

als sich der Pilz erhob
über den Häusern,
wurde der Mensch zu Asche
und wandere ich durch das finstere Tal,

als sich das Feuer erhob
über den Wäldern,
schuf der Mensch den Staub
so werde ich mich nicht fürchten,

als sich der Hunger erhob
über die Kinder,
verschloss der Mensch die Augen
denn du wirst bei mir sein,

als sich die Hitze erhob
über das Eis,
zeigte der Mensch die Zähne
für immer, bis in Ewigkeit.

Gisela Langer

Nur ein Spiel

Es war das Jahr 1950.

Mutti und Vati mussten nicht arbeiten, Wochenende.

Meine Cousine Elli hatte auch frei. Sie lebte bei uns. Meine Eltern hatten sie 1949 im Alter von 18 Jahren bei sich aufgenommen. Sie hatte ihre Eltern im Krieg verloren. Elli war wie eine zweite Tochter für meine Eltern und für mich, wie eine große Schwester.

Am Samstag nach dem Kaffeetrinken, beschlossen wir „Mensch ärgere Dich nicht" zuspielen. Wir spielten wie die Weltmeister. Die Männlein liefen wie von selbst über das Brett. Eins nach dem Anderen kam ins Ziel. Nur die Männlein meiner Mutti standen immer noch draußen auf dem Feld. Nicht ein Männlein hatte das Ziel erreicht.

Wir beschlossen, noch eine Runde zuspielen, in der Hoffnung, dass sie dieses Mal etwas mehr Glück hätte. Das Spiel verlief aber genauso, wie in der ersten Runde.

Mutti zog langsam das Brett an den Rand des Tisches und schleuderte es durch die Luft.

Die Männlein flogen alle durcheinander, als hätten sie Flügel bekommen. Mutti begleitete sie mit den Worten: "Ich habe keine Lust mehr. Ich gewinne ja doch nicht."

Wir sagten alle zusammen: „Mensch ärgere Dich nicht. Es ist doch nur ein Spiel." Dann mussten wir alle lachen und sammelten die Männlein auf.

Das war ein Nachmittag, an den ich mich immer gern erinnere, denn so habe ich meine Mutti nie wieder erlebt.

Sigrid Lindenblatt

Nun erst recht oder na dann eben nicht!

Was ist mit mir los?
Bin ich so sehr anders als andere?
Ist mein Leben so anders verlaufen?
Sind meine Gefühle ungewöhnlich?
Warum liegt mir nicht diese Unterwürfigkeit zu meinen Eltern, besonders zu meiner Mutter?

Nie hatte ich das Gefühl, dass ich um die Liebe meiner Eltern buhlen müsste.
Vielleicht hatte ich es dabei auch einfacher, weil ich keine Geschwister habe. Als Einzelkind musste ich mich nie mit Geschwistern messen oder mich messen lassen.

Es kann auch nicht daran liegen, dass mir die Liebe meiner Eltern gefehlt hätte. Denn davon hatte ich genug. Eher empfand ich sie erdrückend.

Im Schulkindalter habe ich bald gemerkt, dass die Bedürfnisse meiner Mutter nicht meinen Vorstellungen entsprachen. Und wenn ich mich doch einmal ihren Auffassungen beugte, war es für mich meistens falsch.
Dann ärgerte ich mich mehr über mich als über meine Mutter!

Da ich immer öfter das Gefühl hatte und es auch erlebte, dass es für mich nicht gut war, wenn ich machte, was sie von mir wollte, versuchte ich immer häufiger, mich ihrem Einfluss zu entziehen.

Wenn ich mich im Recht fühlte, habe ich das auch zum Ausdruck gebracht.
So rebellierte ich gegen alles, was mir an meiner Mutter nicht passte bzw. was ich nicht wollte oder für ungerecht empfand.
Nach außen hin war ich ein sehr artiges und angepasstes Kind.

Während meiner Therapie wurde mir diese Auflehnung gegen meine Mutter erst so richtig bewusst. Seitdem kann ich sehr schlecht damit umgehen, wenn ich erlebe, wie andere vor ihren Eltern kriechen. Besonders rasend macht es mich, wenn sie schon eine eigene Familie und auch selbst eigene Kinder haben.
Fehlt mir der nötige Respekt? Bin ich undankbar oder gar ungerecht?

131

Doch das kann es eigentlich nicht sein. Ich weiß schon, wenn jemand für mich etwas macht und auch das kleine Wort „Danke" gehört eigentlich zu meinem Wesen.
Was ist es also?
Ist es mein ausgeprägtes Rechtsempfinden?

Maria Merten

Ferienerinnerung

Zwei Stadtkinder fahren in den großen Schulferien mit dem Vater zu Verwandten auf das Land nach Mecklenburg.

Sie werden sehr freudig erwartet. Der Onkel freut sich über helfende Hände bei der Ernte. Die Kinder müssen sich gleich „Räuberzivil" anziehen. Die feine Stadtbekleidung darf beim Helfen auf dem Feld und Spielen mit den Dorfkindern nicht schmutzig werden.
Na, die freuen sich immer, wenn die Stadtkinder kommen.

Tagsüber müssen die Mädchen bei der Ernte helfen. In den Pausen gibt es leckere Brote und Himbeersaft, selbstgemacht von der Tante. Das schmeckt!!
Nach der Arbeit ist Freizeit angesagt. Die Mädchen werden schon sehnsüchtig zum Spielen erwartet. Der Schäferhund von Onkel und Tante ist immer dabei und freut sich mit den Kindern zu toben.
Nach dem Abendessen fallen sie müde ins Bett. Morgen ist ein neuer Tag.

Auf der Scheune vom Nachbarn sind Störche im großen Nest. Sie haben schon Jungtiere. Die Storcheneltern holen Futter für ihre Kinder. Das Klappern der Schnäbel hört sich gut an.

Morgens und abends muss das ältere Mädchen beim Kühe melken helfen. Die Tante erklärte es ihr. Doch als sie das erste Mal nicht aufpasst, fällt ihr der Milcheimer runter.
Der Kuhschwanz war nicht richtig befestigt und die Kuh schlägt damit um sich. Sie kennt das Mädchen noch nicht. Die Tante straft aber nicht, denn alles will gelernt sein. Und so gibt es jeden Morgen und Abend nach dem Melken eine große Tasse frische Milch.

Ja, und die Katzen finden sich zu den Melkzeiten im Stall ein. Sie bekommen auch eine Milchmahlzeit. Und dann ist das Erlebnis beim Schlachten eines Federviehs. Die Tante fängt ein Huhn ein. Eine Axt, ein Hauklotz und der Kopf ist ab, gruselig. Es rennt ohne Kopf auf dem Hof umher.

Die Federn werden gerupft und die Tante öffnet das Huhn und nimmt die Innereien raus. Dabei riecht es komisch. Am Eierstock sind noch die ungelegten Eier ohne Schale. Das kennen sie nicht. Im Konsum ist das Huhn schon geschlachtet, gerupft und sauber. So haben die Mädchen etwas Neues gesehen und gelernt.

Dann gibt es noch die frisch geschlüpften Hühner-, Enten - und Gänseküken. Die sind ganz flauschig anzufassen und die Gänsemütter sind sehr bissig. Oh oh, sie passen doll auf ihre Kleinen auf.

Auch niedliche Ferkel sind mit ihren Müttern zu bestaunen. Und eines Morgens war da im Stall auch ein kleines Kälbchen, das in der Nacht geboren wurde.

Es gibt fast jeden Tag etwas Neues zu entdecken. Doch bald sind die Ferien vorbei und es geht zurück nach Hause. Ja und nun?

Die Sachen passen nicht mehr. Die Tante kauft Stoffe und die Schneiderin des Ortes zaubert.

Die Mädchen freuen sich schon auf die nächsten großen Ferien in einem Jahr.

Manfred Kluck

Leben ist Liebe

Martin stand im dunklen Zimmer und blickte hinunter auf die Straße. Wie flüchtige Schatten glitten die Autos vorbei, nur ihr grelles Licht beleuchtete für Sekunden die Umgebung. Er drehte sich um und schaltete die Deckenleuchte ein, ließ die Jalousie herunter und setzte sich auf die blau-gemusterte Couch. Hier saß er gern. Er dachte an vergangene Jahre zurück, die ihn prägten. Ungewiss lag die Zukunft vor ihm, aber mit seiner Frau an der Seite, glaubte er es zu schaffen. Fünf Jahre vergingen, bevor seine Frau Sabrina, mit einem Mädchen, schwanger wurde. Marlene wuchs heran, sie hatte oft ihren eigenen Kopf. Sabrina konnte nicht zu Hause bleiben, deshalb brachte sie Marlene zum Kindergarten. Nur schwer gewöhnte sie sich daran, von ihrer Mutti getrennt zu werden. Sie klammerte sich jeden Tag bei ihr am Hosenbein fest, bis eine Kindergärtnerin kam und sie mitnahm.

Am Wochenende fuhr sie, mit Marlene durch die Straßen. Marlene saß vorn im Korb und sah auf die Pflastersteine, die schnell vorbeihuschten. Gern fuhr sie mit Marlene zur Schleuse. Sie erfüllte sich und ihr den Wunsch den Booten, die geschleust wurden, zuzuschauen.

„Mutti, Boote gucken."

Als Martin am Sonnabend nach Hause kam, fuhren sie mit den Fahrrädern in die erwachende Natur. Sie setzten sich auf ihre Decke. Sabrina brachte den Kaffee und die Limonade, die sie durstig tranken. Alle drei rekelten sich im Sonnenschein, es waren Augenblicke, die in ihrem Herzen verankert blieben.

Martin blickte auf Marlene und fragte: „Wie gefällt es dir im Kindergarten?" Marlene schlug die Augen nieder, sie wusste nicht, was sie darauf antworten sollte.

Sabrina überbrückte dieses Schweigen und sagte: „Es fällt ihr schwer, sich mit anderen Kindern anzufreunden. Für Marlene fand ich nach langem Suchen einen Platz im evangelischen Kindergarten. Die staatlichen Plätze waren bereits vergeben."

Martin krauste die Stirn. „So schlimm ist es für dich in den Kindergarten zu gehen?"

„Ja, ich möchte lieber zu Hause bei Mutti bleiben."

„Das wirst du sicher noch packen, wenn du zur Schule kommst, musst du auch allein gehen."

Die Stunden vergingen viel zu schnell. Sie packten die Decke zusammen, stellten die Tassen und Becher in den Fahrradkorb und fuhren los. Am Abend ließen sie Badewasser ein und Marlene setzte sich hinein und planschte mit den Gummitieren. Sie jauchzte mit Freuden, Martin und Sabrina sahen mit leuchtenden Augen zu.

So lange Marlene in den Kindergarten ging, schien es recht einfach mit ihren Ansichten und Ansprüchen umzugehen, doch je älter Marlene wurde, nahmen die Ansprüche zu. Martin und seine Frau konnten und wollten auf keinen Fall das Geld für Markenklamotten ausgeben.

Nach dem Umsturz hatten sie mit der Arbeitslosigkeit und der Unsicherheit, die an ihnen nicht vorüber ging, schwer zu kämpfen. Mit 12 Jahren wollte sie ein eigenes Zimmer, in dem sie ungestört und unbeobachtet machen konnte, was sie wollte. Deshalb räumten Sabrina und Martin die Möbel um. Jetzt konnte Marlene unbeeinträchtigt ihren eigenen Stil einbringen. Nach einigen Wochen verschlimmerte sich das Verhältnis zwischen Marlene und Sabrina.

Marlene schrie ihre Mutter an: „Ich lasse mich nicht länger bevormunden. Ich ziehe aus!" „Ich werde schon mal deine Tasche packen."

Mit dieser Reaktion hatte sie nicht gerechnet, deshalb ging sie zurück in ihr Zimmer und knallte die Tür zu.

„Das nächste Mal etwas leiser." Rief er hinter ihr her. Mit 14 Jahren wurde sie noch aufsässiger. Sie konnte nicht verstehen, warum von ihr erwartete wurde, schon so früh nach Hause zu kommen und warum Wert daraufgelegt wurde, gemeinsam am Abendbrottisch zu sitzen.

Nach 22.00 Uhr wurde es doch erst richtig interessant, denn auch die anderen Mädchen konnten so lange bleiben, wie sie wollten. Warum nicht sie?

Am Nachmittag saß ihr Vater mit Marlene zusammen im Wohnzimmer und tranken eine Tasse Kaffee. Marlene kam mit schlechten Schulzeugnis nach Hause. Wie sollte sie in einer Firma eine Lehrstelle bekommen? Mit solchen Noten?

„Du solltest es einfach versuchen und eine Bewerbung schreiben. Vielleicht nimmt dich eine Firma."

Marlene verdrehte die Augen, denn auch in der Schule hänselte man sie, schon wegen ihrer roten Haare und dass sie zur Kirche geht. Er merkte, wie sehr sie auf die anderen hörte und dabei sich selbst vergaß. Die Art miteinander umzugehen änderte sich rasant. Manche suchten nur ihre eigenen Vorteile.

Deshalb sagte er zu ihr: „Du darfst dir das nicht zu Herzen nehmen, was andere für wichtig halten. Es geht um dein Leben und darum, was du daraus machst."

„Ich will kein Außenseiter sein, so wie eine Freundin von mir. Meine Mitschüler gehen mir aus dem Weg und lachen über mich. Was würdest du an meiner Stelle tun?"

„Du kannst mit deinen Leistungen beeindrucken."

Sie versuchte genau abzuwägen, was ihr richtig erschien und was nicht. Deshalb wich sie dieser Antwort aus und fragte ihn: „Gibt es Liebe überhaupt." „Wir sind – deine Mutter und ich – inzwischen einige Jahre verheiratet."

Sabrina wandte sich zu Marlene. „Ich habe es nicht so einfach gehabt in deinem Alter, wie du. Mein Vater war gegen die Kirche. Als Minderjährige sollte ich mich dem Willen meines Vaters beugen, trotzdem habe ich mich, so gut ich konnte, in der Kirche beteiligt."

Marlene geht in ihr Zimmer und Martin ist mit Sabrina allein.

„Ich möchte mich mit dir über unsere Tochter unterhalten. Du solltest Marlene so lassen wie sie ist, nicht ständig kritisieren. Ob sie Jeans zum Gottesdienst anzieht oder nicht, ändert an ihrer Einstellung nichts."

„Wir sind ihre Eltern und sollten sie darauf hinweisen, was für sie richtig ist oder nicht." „Der Baum sollte beschnitten werden, so lange er jung ist. Später wird es schwieriger."

Die Wende brachte für Martin und für viele andere ungekannte Schwierigkeiten. Seine Arbeitsstelle in den Optischen Werken wurde gekündigt und er stand mit tausend anderen seiner Kollegen, auf dem Sozialamt. Es ging um die einfachsten Dinge, die Wohnung zu erhalten, den Lebensstandard anzupassen und nicht zu verzweifeln. Andere Kollegen und Nachbarn mussten mit der Bahn oder mit dem Auto mehrere Kilometer fahren. Betriebe, die vorher 5000 Leute beschäftigten, gingen von Heute auf Morgen in Konkurs und die es betraf, fanden nicht sofort Arbeit.

Mancher lebte vom Arbeitslosengeld und andere versuchten sich neu zu orientieren. Es fand ein Umdenkungsprozess statt, den nicht jeder einfach umsetzen konnte. So blieben die Menschen ohne Arbeit und auch ohne Perspektive. Nur wenigen gelang es mit diesem Umschwung klar zu kommen. Mancher Nachbar und Freund, der auf Verbesserung seines bisherigen Lebens hoffte, stellte fest, dass die Einführung der Deutschen Mark nicht den gewünschten Luxus brachte. Dieser Zustand belastet auch Martin und Sabrina. An einem Vormittag traf er seinen früheren Arbeitskollegen, mit einem schicken Auto auf der Straße an.

Er sprach ihn an: „Du fährst ein schickes Auto?"

„Ja, ich bin bei einem Verlag beschäftigt. Wenn du möchtest kannst du auch in die Werbung einsteigen."

In Dresden stellte sich der Verlag vor und präsentierte, wie mit Werbung in den Gemeinden die Kunden angesprochen werden, um ihre Firma vorzustellen. Allerdings musste er jede Woche dahinfahren, wo der Verlag ein Angebot bekam. Somit blieb die Hauptlast der Hausarbeit an Sabrina hängen. Martin in der Ferne und Sabrina zu Hause. Jeder musste sich allein hindurchkämpfen. Sie konnte nicht sagen, das mache ich morgen, denn Marlene brauchte ihre ganze Liebe. Ja, Leben ist Liebe und nur mit ganzer Hingabe, gelangen die täglichen Aufgaben besser. Martin sah Sabrina in die Augen. Sie blieb mit Marlene allein zurück und musste mit dem zickigen Verhalten, die in dem pubertierenden Alter zunahmen, zurechtkommen.

„Du hast doch keine Alternative. Hier am Ort findest du keine Arbeit, deshalb bleibt dir nichts anderes übrig."

Er nahm sie in die Arme und drückte sie ganz fest. Er empfand tiefe Freude und war dankbar für ihre Bereitschaft, allein mit ihrer Tochter umzugehen. Nächste Woche sollte er beginnen. Er packte seine Reisetasche, damit er am Montagmorgen losfahren konnte. Schweren Herzens verabschiedete er sich von Sabrina. Auch ihr fiel es schwer, ohne ihn eine ganze Woche, allein zu recht zukommen. Er drehte sich zu ihr um und winkte, bevor er ins Auto stieg und losfuhr.

Wenn Martin am Freitag nach Hause kam, zeigte sich Marlene von der einschmeichelnden Seite. Martin fand es nicht so tragisch, wenn Marlene andere Vorstellungen vom Leben hatte als er oder seine Frau. Sabrina kam mit der Aufsässigkeit ihrer Tochter nicht klar, oft kam sie an ihre eigenen Grenzen und wusste nicht weiter. Sie versuchte durch Alkohol ihre Balance zu finden.

Manche Gespräche führten sie miteinander. Martin spürte, wie sehr seine Sabrina litt. Freitagabend nahm er sich Zeit für sie und sie sagte: „Marlene ist sehr verstockt und ich komme an sie nicht heran. Du bist die ganze Woche nicht zu Hause, deshalb versucht sie auf ihre Art gehorsam zu sein. Ich habe jeden Tag irgendwelche Probleme zu bewältigen und ich weiß oft nicht wie."

Manches, was Martin und Sabrina taten, schien vergebliche Mühe zu sein. Als Marlene zwanzig wurde, lernte sie einen Mann kennen und sie zog mit ihm in die Ferne. In Göttingen bekam sie Arbeit im REAL und verdiente verhältnismäßig gut.

Diese neue Situation belastete Sabrina und Martin sehr. Ohne ihre Tochter im Haus zu haben, versuchten sie die Situation zu meistern. Loszulassen fiel ihnen nicht leicht.

Durch den Wegzug entspannte sich Sabrina, denn die Sorge, wie es weitergehen soll, war von ihr genommen. Sie brauchte keinen Alkohol mehr.

Sie freuten sich, miteinander ihren Lebens- und Glaubensweg zu gehen. Ihren Glauben zu leben, finden sie wichtiger als Geld und Reichtum. Der Reichtum des Herzens ist mehr wert.

Deshalb ihr Motto: **Das Leben ist Liebe.**

Lutz Sehmisch

Das Kind

In Kälte
sehnt es sich nach Wärme
hofft auf Geborgenheit
vergebens.
Am Ende streichen seine Hände
über Mutters Wangen
seine Tränen kühlen ihre Stirn
und vergeben.

Sigrid Lindenblatt

Mein Kind – Meine Tochter

Meine Tochter,
du wurdest am ersten
Weihnachtstag geboren.
Viel zu früh –
fünf Wochen.
Du warst nicht geplant
und dann kamst du
mitten ins Weihnachtsfest.
Über deine Geburt
war ich glücklich:
Ein Mädchen – eine Tochter.
Du warst perfekt
trotz Frühchen.
Ich hab dich groß gezogen
und war stets stolz auf dich.
Auch wenn wir nicht immer
ein inniges Verhältnis hatten,
wir waren immer
für einander da.
Aber nun hast du
die Tür
zwischen uns geschlossen.
Vielleicht brauchst du
Zeit und Ruhe
für dich selbst.
Ich gebe dir die Zeit
und
ich werde warten,
auf dich
meine Tochter, mein Kind.

Sigrid Lindenblatt

ERWACHT und GLÜCKLICH

Bin aus meinem Traum gefallen.
Nebel verziehen sich.
Ich sehe klar,
spüre mein Herz.
Es schlägt nur für mich.
Ich bin wieder Ich.
Fühl mich frei.
Bin ganz bei mir.
Was ich tue, ist für mich.
Hatte mich in Illusionen
verloren.
Tag und Nacht.
Träume heute realistisch.
Bin frei
und
glücklich!

Martina Haake

Kluger Ratschlag

DENK EINFACH NUR POSITIV

das andere lass' weg
während das andere
sich irgendwo versteckt
geht ES dann gar nicht mehr
wird's höchste Zeit
drum sei auch
für das andere
stets in Würde bereit

ERLEBEN

Ich denke
also bin ich
und ich fühle
also bin ich ganz
ich handle und erlebe
nicht zuletzt
jeden neuen Moment
im Hier & Jetzt

Ein scheues Wild die **Gedanken** *sind;*
Jag ihnen nach, sie fliehn geschwind,
Siehst du sie hellen Auges an,
Zutraulich wagen sie sich heran;
Ein stiller Wandrer kann sie zähmen,
Das Futter ihm aus der Hand zu nehmen.
(Paul Heyse[1])

Jochen Gutte

Gedankliches

Es ist schon etwas Eigenartiges um unsere Gedanken! Wir haben welche, darüber besteht kein Zweifel, aber sie lassen sich nicht festhalten... Wenn wir unsere Aufmerksamkeit auf sie richten, hat man den Eindruck, es ist so wie im Taubenschlag: Gedanken kommen. Gedanken entfliegen. Gedanken, die wir mal hatten, kehren unerwartet zurück... Gedanken gehen in der Menge der anderen unter, wie gleichartige Tauben, wenn sie gemeinsam und zu Fuß unterwegs sind...

Es ist gar nicht so leicht möglich, den einen oder anderen Gedanken zu fangen, um ihn genauer zu besehen, ihn vielleicht zu einem „beringten" Gedanken zu machen... – Mal sehen, wohin der fliegt, wenn er seine Runde macht! Und so macht man sich Gedanken über Gedanken und merkt alsbald, Gedanken sind wahrhaftig keine Tauben, und Tauben schon gar keine Gedanken, nicht einmal taube Gedanken oder was...

Dieser Tage kam mir ein Buch wieder in die Hand, das ich in den siebziger Jahren mit Gewinn gelesen habe: Die *Jagd nach dem Gedanken*[2]. Vieles dürfte auch heute noch gelten... – Doch ich bin schon am Titel hängen geblieben. – Jagen wir wirklich dem Gedanken hinterher, wie man's etwa vom Schmetterlingsfangen kennt? Ist's gar nur ein Gedanke, ein einzelner?

---

[1] **Heyse**, Paul von: (seit 1910), *Berlin 15.3.1830, †München 2.4.1914, deutscher Schriftsteller. Mit Geibel Mittelpunkt des Münchner Dichterkreises; der klassisch-romantischen Tradition verpflichtet; auch Theoretiker der Novelle (Falkentheorie); 1910 Nobelpreis für Literatur. (Wikipedia)
[2] Wladimir **Lewi**: Die Jagd nach dem Gedanken. Verlag MIR Moskau, ins Deutsche übersetzt 1975 Urania-Verlag Leipzig/Jena/Berlin. 7,80 Mark

Je länger ich darüber nachdenke... – Über Gedanken nachdenke! – Das sind doch Gedanken über Gedanken! – ... desto unsicherer werde ich. Ob das am Ende nicht ziemlich kompliziert werden könnte? Schließlich könnte ich mir dann ja noch Gedanken über das Gedankenmachen über meine Gedanken machen...

Hier wollen die meisten nicht mehr mitspielen. Es wird richtig unheimlich. – Also, je länger und intensiver ich darüber nachdenke, um so fraglicher wird mir die Formulierung *Jagd nach dem Gedanken*... Ich bin mir ziemlich sicher, dass der Gedanke als Einzelner, als Unikum, kaum vorkommt... Was auch immer so ein Gedanke sein könnte und wo auch immer so ein Gedanke seinen Sitz haben dürfte, denn der Kopf ist nur sehr bedingt als Taubenschlag anzusehen...

Der Gedanke ist ein geselliges Wesen: Ein Gedanke kommt selten allein... – oder?

Eher als ein einzelner Schmetterling ließe sich der Gedanke mit einem Schwarmtier vergleichen... Je nach Inhalt und Gewicht handelt es sich, was weiß ich, vielleicht um Wasserflöhe oder um Mücken in der untergehenden Frühlingssonne oder um bunte Fische überm Großen Barriere-Riff[3], vielleicht auch Leute auf dem Oktoberfest... Wenn's gelingt, mit dem Käscher einen Gedanken zu kaschen, ja, dann wird's garantiert nicht nur einer sein, schließlich hängen die Gedanken zusammen... Es sind sozusagen inhaltliche Kerne mit assoziativen[4] Verknüpfungen...

Ein einzelner Gedanke allein? Ob der schon etwas bringt? Ob er nicht erst dadurch, dass er gewissermaßen Gene mit anderen „benachbarten" und „verwandten" Gedanken besitzt, verständlich wird? Schließlich taugt der Mensch für sich allein genommen ja auch nicht wirklich zum Robinson... – oder?

Und wenn ich mir so Gedanken über das Jagen von Gedanken mache? Ich selbst bin von Natur aus kein Jäger. Schließt nicht das Jagen bewusst oder unbewusst das Töten mit ein? Was will einer, der Gedanken nachstellt, im Erfolgsfalle eigentlich mit dem Gedanken machen?

---

[3] **Großes Barriereriff**: mit 2000 km längstes Korallenriff der Erde, vor der Küste von Queensland, Australien.
[4] **assoziativ**: durch Vorstellungsverknüpfung bewirkt

Ihn sich einverleiben? Aufspießen und registrieren, um ihn dann, wie's die Schmetterlingssammler tun, als Exponat zu präsentieren?

Da könnt's doch glatt passieren, dass da jemand einen Gedanken erhascht hat, den er nicht versteht, mit dem er folglich nichts anzufangen weiß... – Ja, was dann? – Dann ist womöglich der Gedanke, der in anderem Zusammenhang der Menschheit Beträchtliches gebracht hätte, weg, hat sich aufgelöst, ist nicht mehr zu beleben oder nachzuvollziehen... Ich befürchte, das könnte weit öfter passieren, als man sich so denkt... – oder?

Die Jagd nach dem Gedanken... – Das ist doch das typische und so verbreitete Schnäppchendenken: Günstig erjagt! Man könnt's ja mal gebrauchen... oder gegebenenfalls weiterverschenken.

Eine andere Frage wäre, wer's denn nötig hat, Jagd auf Gedanken zu machen... Wer genügend eigene und dazu brauchbare Gedanken entwickelt, ja, so einer braucht sich doch nicht die Mühe zu machen, auf Gedankenjagd zu ziehen... So einem, das kennt man von anderen Gelegenheiten, dem fliegen die Gedanken doch nur so zu... Wie wir's von Tauben längst wissen, wo Tauben sind, fliegen Tauben hin...

Vorsicht vor Gedankenjägern! – Ob solche Gutes im Schilde führen? – Und wenn sie eine *Gedankensammlung* anlegten, auf die sie mit Stolz dann verweisen könnten? „Sehen Sie, hier, diesen Gedanken habe ich aus New Yorck mitgebracht... Leider passt er hier nicht so recht in die Landschaft... Und dieser Gedanke! Ein bisschen aus der Art geschlagen..., den möchte ich gerne loswerden. Mit ihm kann ich nichts anfangen... Es scheint ein *Zwangsgedanke* zu sein... Wenn Sie mir jemanden bringen, der bereit wäre... Also, ich zahlte gern was drauf..."

Die Jagd nach dem Gedanken könnte so manches Schillernde erbringen, wissen wir doch, dass durchaus nicht alle Gedanken miteinander kompatibel sind... Akzeptiert man einen bestimmten Gedanken, sind plötzlich langbewährte gedankliche Gebilde nicht mehr zu halten... – Ist's nicht mit den Gedanken ein bisschen wie mit den Pilzen im Herbst?

Ist man sich nicht ganz sicher, empfiehlt es sich, zur Pilzberatung zu gehen... Gibt's etwa analog dazu eine Gedankenberatung? – Nein! – Die gibt's nicht... Dabei wär's schon eine Geschäftsidee! Wer hat je erhoben, wie viele wertvolle Gedanken sich einfach aufgelöst haben?

Selbstverständlich können sich Gedanken auflösen, sie sind ja schließlich nicht materiell... – oder?

Es ist anzunehmen, dass es an Gedankenberatern und Gedankenprüfern gerade nicht fehlen dürfte... Man könnte sie in allen Farben haben wie die Politiker, Leute, die sich zum Alleswisser aufschwingen. Oder wären's bestellbare Gutachter, die auch ins Haus kommen...?

Die Jagd nach dem Gedanken... – Jetzt bin ich getröstet! – Eigentlich kann sie gar nicht stattfinden, wie man sich's vielleicht vorstellt: Ein Gedanke allein, auch eine ganze gedankliche Verknüpfung, ein Gedankengebilde... – wie auch immer – das Jagen ist einfach nicht möglich. Man wird stets ins Leere greifen, schließlich ist der Gedanke für sich erst einmal nichts Materielles... Anders wird's freilich schon mit dem gesprochenen, gesungenen oder geschriebenen Wort... Da sollte man aufmerksam sein! Da ist die Jagd nach materialisierten Gedanken, als Wort oder als Gegenstand realisiert, einwandfrei *Diebstahl*, geistiger Diebstahl... Da greifen Gesetze!

So gesehen, ist die *Jagd nach dem Gedanken* eine kriminelle Handlung! – Und das sollte man den dafür zuständigen Stellen melden... – oder?

Lutz Sehmisch

wenn es Nacht wird

lass den Mond scheinen

wenn Stille einkehrt

lass die Eulen rufen

wenn es Morgen wird

lass es regnen

Christa Seyer

Im Rausch der Sinne

Fliederduft zieht durch mein Gemüt,
lässt die Sinne schweben,
lädt zum Träumen ein.
Leise Gefühle kommen und gehen,
lassen sich nicht aufhalten.
Kein Warten auf das was kommt,
den Augenblick genießen,
mit aller Kraft ihn festhalten
und nicht mehr loslassen wollen.

Bild: Marion Krüger

Birgit Walter

Wir

wir treffen uns

wir lesen

wir schreiben

wir korrigieren

wir testen

wir sagen, was wir denken

wir gehen essen

wir machen Projekte zusammen

wir reden

wir sind traurig

wir sind fröhlich

wir feiern

wir weinen

wir leiden

wir trösten

Wer sind wir?

Wir, die Schreibrunde!

Jerichower Schreibrunde

Autorenverzeichnis

Birgit Walter

Jahrgang   1962

Geburtsort   Magdeburg

Wohnort: Burg b.Magdeburg

Schreiben bedeutet für mich, meine Seele zu befreien. Es ist spannend, wenn neue Texte entstehen und ich Gemeinsamkeiten mit Anderen entdecke.

Christa Seyer

Jahrgang   1951

Geburtsort   Birkholz

Wohnort: Tangerhütte

Schreiben bedeutet für mich, Momente der Erinnerung und Gefühle des Augenblicks in Worte zu kleiden, um sie teilen zu können.

Diana Enders

Jahrgang   1974

Geburtsort   Guben

Wohnort: Bad Liebenwerda

Schreiben ist das Andere, eine Unterbrechung, eine Pause, ein Wieder-zu-mir-kommen.

Bibliografie

Anthologie zum Brigitte Reimann Jahr 2013

Elke Martina Hanitzsch

Jahrgang   1958

Geburtsort   Stendal

Wohnort: Schönhausen

Schreiben bedeutet für mich Freiheit – denn beim Schreiben fühle ich mich immer ganz grenzenlos und im Einklang mit mir selbst.

Bibliografie

Als das Hochwasser kam   2013

Gisela Langer

Jahrgang   1944

Geburtsort   Königsfelde II

Wohnort: Burg b.Magdeburg

Schreiben bedeutet für mich, meine innersten Gedanken in Worte zu fassen.

Bibliografie

verschiedene Anthologien

Hannelore Orlowski

Jahrgang   1944

Geburtsort   Brüx (heute Most)

Wohnort: Milower Land; OT Milow

Schreiben bedeutet für mich, Eindrücke und Gefühle zum Ausdruck zu bringen, mich zu öffnen.

Bibliografie

Durch den Tag und durch das Jahr   2014
verschiedene Anthologien

Heike Lüdeke

Jahrgang   1960

Geburtsort   Rathenow

Wohnort: Rathenow

Schreiben hat mir geholfen, mich ein wenig zu finden. Oft ist es aber auch ein Seelen-Striptease.

Bibliografie

verschiedene Anthologien

Jens Bley

Jahrgang   1969

Geburtsort   Oschersleben (Bode)

Wohnort: Zuckerdorf Klein Wanzleben

Als Neueinsteiger meine Gedanken und Gefühle zu Papier zu bringen, bedeutet für mich einen weiteren Schritt in ein neues Leben zu wagen.

Jochen Gutte

Jahrgang   1940

Geburtsort   Jahnishausen

Wohnort: Jerichow

Schreiben bedeutet für mich sinnvolles Tun am Lebensabend.

Jutta Eichstädt

Jahrgang   1958

Geburtsort   Wernigerode

Wohnort: Rathenow, OT Steckelsdorf

Schreiben bedeutet für mich innere Reflexion und eigene Entscheidung über mein Handeln in der jeweiligen Situation.

Bibliografie

Anthologie „Anders sind wir alle"   2000

Kerstin Blasczyk

Jahrgang   1972

Geburtsort   Burg

Wohnort: Burg, OT Niegripp

Schreiben bedeutet für mich, die Vergangenheit festzuhalten, damit ich mich später erinnern und mit anderen Leuten ins Gespräch kommen kann.

Bibliografie

Ich war das goldene Kind 2005
verschiedene Anthologien

Lutz Sehmisch

Jahrgang   1959

Geburtsort   Dessau

Wohnort: Magdeburg

Mit Worten Seelen berühren und das Feuer für eine menschenwürdige, friedliche und gerechte Welt entfachen.

Bibliografie

Hölle ohne Himmel   2011
verschiedene Anthologien

Manfred Kluck

Jahrgang   1943

Geburtsort   Pagglau / Krs. Danzig

Wohnort: Rathenow

Schreiben bedeutet für mich, mich zu öffnen.

Bibliografie

Freude schenken / Freundschaftsgarten	2004	(Brian Chaning)
Kostbarkeiten	2004	(Brian Chaning)
Seelenperlen	2004	(A. Seltmann u. B. Chaning)
Das helle Licht	2004	(Brian Chaning)
Timo	2006	(Brian Chaning)
Erlesenes für dich	2006	(Brian Chaning)
Begegnungen im Theater	2007	(Brian Chaning)
Vom Ich zum Wir	2007	(Manfred Kluck)

Maria Merten

Jahrgang   1947

Geburtsort   Freudenberg / Ostpreussen

Wohnort: Burg b.Magdeburg

Ich beobachte gern, mache mir Gedanken und schreibe was mich bewegt.

Bibliografie

verschiedene Anthologien

Marion Krüger

Jahrgang   1952

Geburtsort: Burg b.Magdeburg

Wohnort: Burg b.Magdeburg

Schreiben ist für mich Therapie. Wenn ich nachts nicht schlafen kann, schreibe ich mir die Seele frei.

Bibliografie

Dachlukenkind 2010
Limericks und andere Dummheiten 2012
verschiedene Anthologien

Martina Haake

Jahrgang   1959

Geburtsort   Rathenow

Wohnort: Rathenow, OT Böhne

Gedanken & Gefühle finden ihren Ausdruck. Ich begegne dabei mir selbst und anderen im Sinne eines würdevollen Lebens.

Bibliografie

verschiedene Anthologien der Jerichower Schreibrunde

Sigrid Lindenblatt

Jahrgang   1951

Geburtsort   Lübars

Wohnort: Halle (Saale)

Schreiben bedeutet für mich, ganz bei mir zu sein und mich mit meiner Vergangenheit und auch Aktuellem auseinander zu setzen.

Bibliografie

verschiedene Anthologien

Und zum Schluss noch ein Dankeschön

Die Schreibrunde wurde einst von der Schriftstellerin Dorothea Iser gegründet und steht auch heute noch unter dem Dach des „PELIKAN e.V."–Förderverein LITERATUR U. NEUE SCHULE. Einzelne Mitglieder veröffentlichten eigene Bücher, darunter Elke Martina Hanitzsch, Gabriele Andro, Hannelore Orlowski, Henry Steinert, Kerstin Blasczyk, Lutz Sehmisch, Manfred Kluck, Marion Krüger und Regine Steffens. Nach mehreren Anthologien war im Brigitte-Reimann-Jahr 2013 die Mitarbeit am Anthologie-Projekt „Ich sterbe, wenn ich nicht schreibe" ein absoluter Höhepunkt. Im selben Jahr übernahm Diana Enders die Leitung unserer Schreibrunde und übergab sie drei Jahre später dann an uns beide.

Aus der Tradition der Jerichower Schreibrunde heraus haben wir das Konzept gemeinsam mit allen Mitgliedern weiterentwickelt und sind an ihm gewachsen. Inzwischen sind Workshops und Lesungen von und mit uns Bestandteil des Angebotes im AWO Fachkrankenhaus für Psychiatrie und Psychosomatik in Jerichow.

Nun ist aus der Idee, uns in einer Gedenkbroschüre im Jahr 2020 zum 25-jährigen Bestehen der Jerichower Schreibrunde mit dem was wir machen vorzustellen, dieses ausgewachsene Buch entstanden.
Wir 16 Mitglieder präsentieren darin unsere Werke in Prosa, Lyrik und gemalten Bildern.

Wir danken von ganzem Herzen Diana Enders, die das Vorwort zu dieser Anthologie geschrieben hat.

All das wäre aber nicht möglich gewesen, wenn uns das AWO Fachkrankenhaus Jerichow nicht schon seit vielen Jahren ein „zu Hause" gegeben hätte.

Hier und heute sagen wir ein großes Dankeschön an die Klinikleitung. Danke dafür, dass wir uns hier regelmäßig treffen dürfen und so viel Unterstützung erfahren.

Marion Krüger und Lutz Sehmisch

Jerichow, Oktober 2020

Inhalt

Gisela Langer

Hannelore Orlowski

Jerichower Schreibrunde

Bildnachweis